UNIVERS SOCIAL

1er ET 2e CYCLE DU SECONDAIRE

Comment accéder au Compagnon Web de la *Boîte à outils – Univers social* ?

➡ Aller à l'adresse
www.erpi.com/boiteaoutils.cw

➡ Suivre les instructions indiquées à l'écran.

Assistance technique : **tech@erpi.com**

ÉDITIONS DU RENOUVEAU PÉDAGOGIQUE INC.

5757, RUE CYPIHOT, SAINT-LAURENT (QUÉBEC) H4S 1R3
TÉLÉPHONE : 514 334-2690   TÉLÉCOPIEUR : 514 334-4720
erpidlm@erpi.com

Directrice de l'édition
Diane Pageau

Chargées de projet
Valérie Lanctôt
Sabine Cerboni

Réviseures scientifiques
Anne-Marie Deraspe, volet histoire
Élise Naud, volet géographie

Réviseures linguistiques
Valérie Lanctôt
Marie-Claude Piquion

Correctrice d'épreuves
Isabelle Rolland

Directrice artistique
Hélène Cousineau

Coordonnatrice aux réalisations graphiques
Sylvie Piotte

Conception graphique
Alezane
Benoit Pitre

Édition électronique
Benoit Pitre
Frédérique Bouvier

Page couverture
Shirley Bossé

Photo de la page couverture
CORBIS

Consultantes pédagogiques
Mélanie Guérin, enseignante, école secondaire
de Chambly
Marie-Claude Lauzon, enseignante, école secondaire
de Chambly

**Note au sujet des photographies utilisées
en filigrane comme photographies d'ambiance
dans les différentes sections :**
Les photographies proviennent de :
Bibliothèque et Archives Canada (p. 5, 51)
CORBIS (p. 65)
Pierre Lahoud (p. 20)
Musée McCord (p. 49)
SHUTTERSTOCK (p. 3, 12, 39, 47, 60, 99)

**Notes concernant les cartes de la section
miniatlas :** Ces cartes ont été conçues par
le Groupe Colpron dans le cadre de l'édition
de l'*Atlas du monde actuel* d'ERPI, 2007.

Dépôt légal – Bibliothèque et Archives nationales
du Québec, 2008
Dépôt légal – Bibliothèque et Archives Canada, 2008

Imprimé au Canada   1234567890 II 098
ISBN 978-7613-2596-7 12205   ABCD   OS12

▶ MOT DE L'ÉDITEUR

L'être humain vit en société, occupe un espace et fait partie d'une réalité historique. Il exerce des droits qu'on lui a reconnus en contrepartie desquels il doit assumer des responsabilités de citoyen.

L'étude du domaine de l'univers social consiste en quelque sorte à comprendre le présent à la lumière du passé. La compréhension des réalités sociales nécessite l'usage de techniques permettant d'interpréter l'information et de transmettre les résultats de recherches, sous diverses formes.

Les techniques et les autres éléments pratiques présentés dans la *Boîte à outils – Univers social* sont utiles pour construire une représentation de l'espace, du temps et de la société. Ces techniques facilitent également l'interprétation et l'illustration de l'organisation de la société et du territoire, de même que les changements qui s'y opèrent.

TABLE DES MATIÈRES

UTILISATION DE LA

UNIVERS SOCIAL

La *Boîte à outils – Univers social* offre aux élèves du 1ᵉʳ et du 2ᵉ cycle toutes les techniques utiles à l'étude du domaine de l'univers social durant tout le secondaire. Chacune des sections présente des références utiles et pratiques accompagnées de mises en application de différentes notions ou techniques pertinentes tant en géographie qu'en histoire et éducation à la citoyenneté.

La *Boîte à outils – Univers social* comprend neuf grandes sections qui jouent un rôle distinct et complémentaire.

Les **sections un à huit** présentent des notions ou éléments pratiques et utiles à l'élève qui souhaitera s'y référer pour se rafraîchir la mémoire ou pour consulter un modèle ou une démarche simple de réalisation technique.

CARTOGRAPHIE

LIGNE DU TEMPS

TABLEAUX

DIAGRAMMES

SCHÉMAS

UNIVERS SOCIAL

DOCUMENTS ÉCRITS

DÉMARCHE DE RECHERCHE

DOCUMENTS ICONOGRAPHIQUES

Le contenu de ces huit sections est organisé de façon à répondre systématiquement à trois questions de base liées à chacun des aspects techniques traités. Des renvois (titre de section avec numéro de page correspondant surligné en jaune) permettent de se référer aux sections utiles à l'utilisation des techniques consultées.

C'est quoi ?   **Comment l'interpréter ?**   **Comment le faire ?**

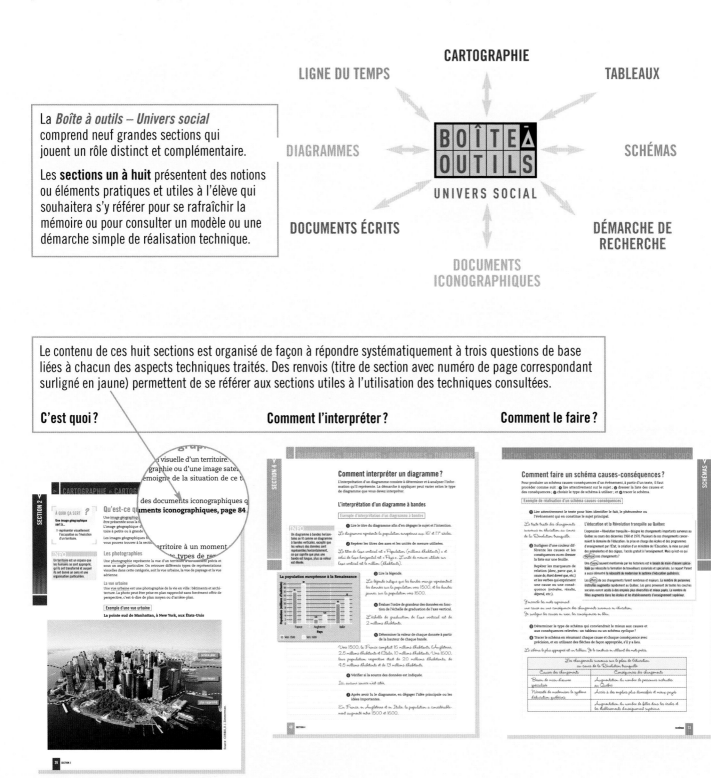

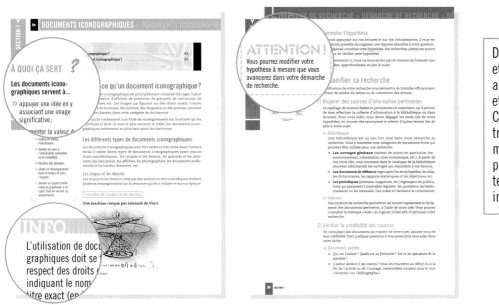

Des rubriques *À quoi ça sert?*, *INFO* et *Attention!* ajoutent, à des endroits appropriés, de l'information pertinente et utile dans chacune des sections. Ces rubriques enrichissent le contenu traité et permettent aux lecteurs de mieux comprendre, de mieux interpréter et d'utiliser les techniques en tenant compte des aspects pratiques importants.

La **section miniatlas** regroupe 18 cartes traitant des grandes parties du monde sous les angles physique et politique.

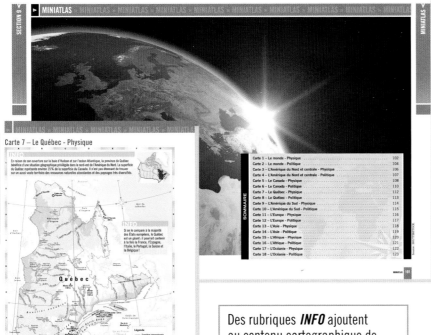

Le **glossaire** permet de repérer les thèmes et les techniques traités dans la *Boîte à outils – Univers social* et de se référer à des définitions simples. Les numéros de pages renvoient aux pages de la *Boîte à outils – Univers social* où les termes sont utilisés. Pour faciliter le repérage, ces termes sont soulignés en bleu dans le texte.

Des rubriques *INFO* ajoutent au contenu cartographique de la section **miniatlas**.

Le **Compagnon Web**, spécialement conçu pour les élèves utilisant la *Boîte à outils – Univers social*, présente des éléments techniques et des exemples supplémentaires, illustrant les diverses manières d'interpréter et de faire. Il permet aussi aux élèves d'accéder à une variété d'outils pratiques et faciles à utiliser, par exemple, des modèles de création de lignes du temps, des fonds de cartes, des utilitaires de création de tableaux, de diagrammes ou de schémas, des exemples de rapports de recherche, des références de recherche dans Internet, etc. Pour y accéder: **www.erpi.com/boiteaoutils.cw**

SECTION 1

▷ **LIGNE DU TEMPS** » LIGNE DU TEMPS » LIGNE DU TEMPS » LI...

À QUOI ÇA SERT ❓

Une ligne du temps sert à...

» situer dans le temps des événements les uns par rapport aux autres;

» illustrer la durée des faits, des événements ou des périodes;

» obtenir une vue globale des principaux événements qui ont marqué une société, une civilisation ou une période historique;

» établir des comparaisons.

Dans le domaine de l'univers social, la chronologie, c'est-à-dire la succession de faits ou d'événements survenus dans le temps, joue un rôle important et peut être représentée graphiquement sous différentes formes: arbre généalogique, diagramme, liste d'événements, ligne du temps, etc.

Qu'est-ce qu'une ligne du temps?

Une ligne du temps est un moyen efficace de représenter graphiquement une chronologie sur un axe.

Tous les éléments constituant une ligne du temps ont un rôle à jouer dans l'interprétation des événements illustrés. Ils doivent par conséquent être soigneusement représentés.

Exemple d'une ligne du temps

Un axe gradué
Une ligne du temps est représentée par une droite divisée en segments égaux (gradations) nommée « graduation ». Ici, la graduation est constituée des années 1925, 1930, 1935, 1940 et 1945.

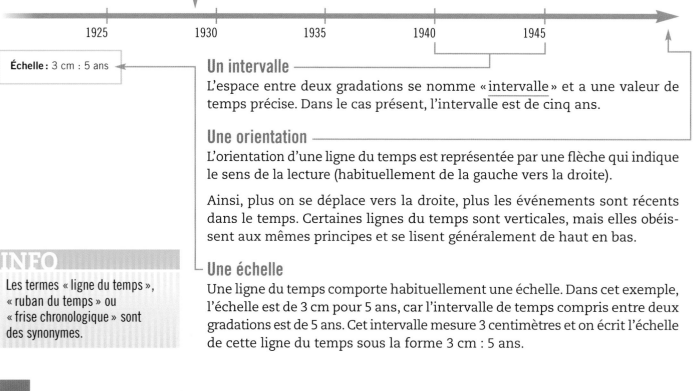

Échelle: 3 cm : 5 ans

Un intervalle
L'espace entre deux gradations se nomme « intervalle » et a une valeur de temps précise. Dans le cas présent, l'intervalle est de cinq ans.

Une orientation
L'orientation d'une ligne du temps est représentée par une flèche qui indique le sens de la lecture (habituellement de la gauche vers la droite).

Ainsi, plus on se déplace vers la droite, plus les événements sont récents dans le temps. Certaines lignes du temps sont verticales, mais elles obéissent aux mêmes principes et se lisent généralement de haut en bas.

INFO

Les termes « ligne du temps », « ruban du temps » ou « frise chronologique » sont des synonymes.

Une échelle
Une ligne du temps comporte habituellement une échelle. Dans cet exemple, l'échelle est de 3 cm pour 5 ans, car l'intervalle de temps compris entre deux gradations est de 5 ans. Cet intervalle mesure 3 centimètres et on écrit l'échelle de cette ligne du temps sous la forme 3 cm : 5 ans.

Quelques particularités d'une ligne du temps

Les lignes du temps comportent parfois des particularités que vous devez connaître :

- ■ Un enroulement au début d'une ligne du temps indique qu'une très longue période précède la période représentée. On l'utilise surtout pour représenter les périodes préhistoriques.

- ■ Une ligne brisée (ou un espace blanc significatif) indique un saut dans le temps : toute la période n'a pu être représentée, faute d'espace.

Quelques événements marquants de la médecine occidentale

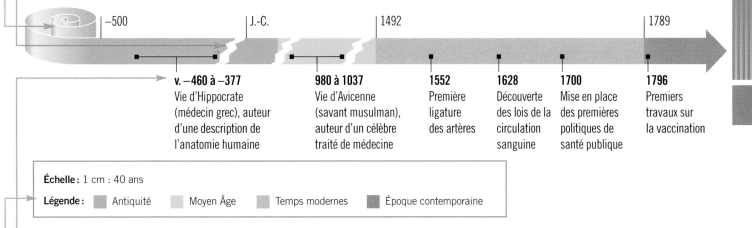

−500	J.-C.	1492			1789

v. −460 à −377
Vie d'Hippocrate (médecin grec), auteur d'une description de l'anatomie humaine

980 à 1037
Vie d'Avicenne (savant musulman), auteur d'un célèbre traité de médecine

1552
Première ligature des artères

1628
Découverte des lois de la circulation sanguine

1700
Mise en place des premières politiques de santé publique

1796
Premiers travaux sur la vaccination

Échelle : 1 cm : 40 ans

Légende : ■ Antiquité ■ Moyen Âge ■ Temps modernes ■ Époque contemporaine

- ■ La mention «J.-C.» ne figure pas toujours sur les lignes du temps. Souvenez-vous alors que les nombres négatifs correspondent aux années qui précèdent la naissance de Jésus-Christ (J.-C.) et les nombres positifs, aux années qui suivent sa naissance. Par convention, les années antérieures à la naissance de Jésus-Christ sont précédées du signe « moins ». La lettre « v. » est l'abréviation du mot « vers ».

- ■ Lorsque la ligne du temps traite de différentes périodes historiques ou met en relation des renseignements, elle contient une légende permettant de faire son interprétation.

Comment interpréter une ligne du temps ?

L'interprétation d'une ligne du temps consiste d'abord à repérer l'information représentée, puis à en faire l'analyse. Pour interpréter une ligne du temps, vous pouvez suivre cette démarche simple : ❶ décoder l'échelle utilisée ; ❷ repérer l'information représentée ; et ❸ analyser l'information afin d'établir les liens pertinents concernant les durées, les séquences, la continuité des faits ou des événements et les changements survenus.

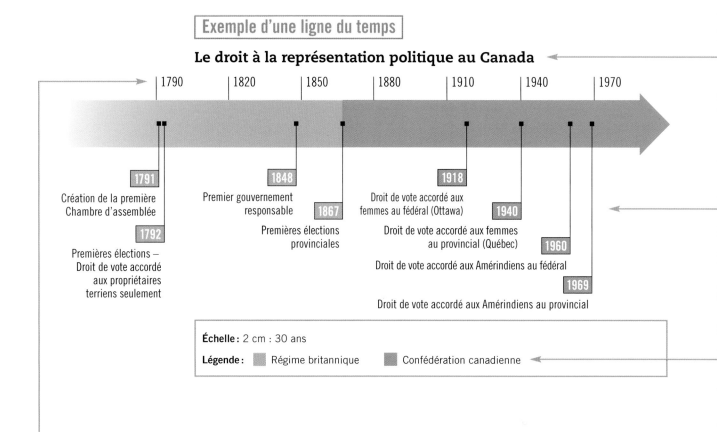

Exemple d'une ligne du temps

Le droit à la représentation politique au Canada

Échelle : 2 cm : 30 ans

Légende : ☐ Régime britannique ☐ Confédération canadienne

1791 — Création de la première Chambre d'assemblée

1792 — Premières élections – Droit de vote accordé aux propriétaires terriens seulement

1848 — Premier gouvernement responsable

1867 — Premières élections provinciales

1918 — Droit de vote accordé aux femmes au fédéral (Ottawa)

1940 — Droit de vote accordé aux femmes au provincial (Québec)

1960 — Droit de vote accordé aux Amérindiens au fédéral

1969 — Droit de vote accordé aux Amérindiens au provincial

❶ Décoder l'échelle

La première question à vous poser est la suivante : *Quelle est l'unité de temps utilisée ?* S'agit-il de décennies (10 ans), de siècles (100 ans), de millénaires (1000 ans) ou d'une autre unité de temps ?

Lorsque l'échelle n'est pas indiquée, vous devez procéder comme suit :

1) Trouver la durée totale représentée en calculant la différence entre les gradations des deux extrémités de la ligne du temps. Dans cet exemple, la durée totale est de 180 ans, puisque la différence entre la gradation de l'extrémité de droite (1970) et celle de l'extrémité de gauche (1790) est de 180.

$$1970 - 1790 = 180$$

2) Trouver la durée représentée par chaque intervalle en divisant la durée totale par le nombre d'intervalles.

$$180 \text{ ans} \div 6 \text{ intervalles} = 30 \text{ ans}$$

3) Mesurer la longueur de chaque intervalle (en cm). Puisque le segment mesure 2 cm, l'échelle est 2 cm : 30 ans.

INFO

La durée totale est toujours positive.

⚠ ATTENTION !

Si la graduation comporte des nombres négatifs, rappelez-vous la règle de calcul suivante : quand on soustrait un nombre négatif d'un nombre positif, on obtient un nombre positif puisque les deux signes « moins » s'annulent pour donner un signe « plus » (ex. : 800 – (– 400) = 1200).

---

② Repérer l'information

a) Le titre d'une ligne du temps révèle le sujet de la chronologie qu'elle représente. Dans le cas présent, le titre indique que les faits inscrits sur la ligne concernent l'obtention du droit à la représentation politique au Canada (le droit de voter, le droit d'être élu).

b) Le libellé des données associées à chaque gradation de la ligne du temps nous renseigne sur la référence temporelle (durée) des faits ou des événements illustrés. Il peut s'agir d'événements ponctuels ou d'événements inscrits dans une durée déterminée (ex.: Seconde Guerre mondiale (1939-1945)). Dans cet exemple, ce sont des événements ponctuels qui sont décrits puisque chaque gradation fait référence à un fait précis.

c) La légende permet de déchiffrer l'information représentée. Ici, le code de couleurs situe les événements en lien avec deux périodes importantes de l'histoire du Canada.

> **ATTENTION !**
> Si la ligne du temps comporte une coupure, ne tenez compte que des intervalles figurant avant ou après la coupure.

③ Analyser l'information

Lorsque vous avez bien repéré les renseignements, vous devez vous questionner afin de comprendre la chronologie des faits ou des événements dont elle traite. Par exemple, à partir de la figure précédente, vous pourriez vous poser les questions suivantes:

■ *Combien de temps s'est écoulé entre les premières élections et l'obtention du droit de vote pour tous les citoyens ?*

■ *Quels ont été les derniers groupes de citoyens à obtenir le droit de vote ?*

Pour compléter votre analyse, vous pourriez effectuer des recherches sur le sujet. Ces recherches vous permettraient de mieux comprendre et d'expliquer les éléments décrits sur la ligne du temps.

> **INFO**
> Parfois, une simple observation peut vous permettre de déduire la valeur d'un intervalle (ex.: lorsque la graduation est faite par bonds de 10, de 100 ou de 1000).

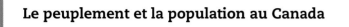
Exemple d'interprétation d'une ligne du temps

Le peuplement et la population au Canada

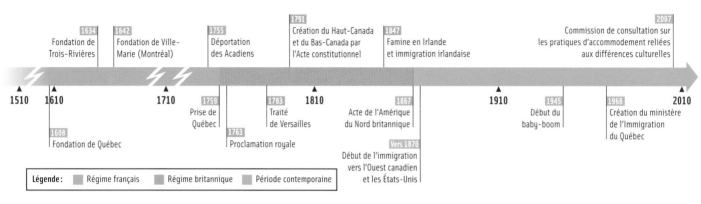

1634 Fondation de Trois-Rivières

1642 Fondation de Ville-Marie (Montréal)

1755 Déportation des Acadiens

1791 Création du Haut-Canada et du Bas-Canada par l'Acte constitutionnel

1847 Famine en Irlande et immigration irlandaise

2007 Commission de consultation sur les pratiques d'accommodement reliées aux différences culturelles

1510 1610 1710 1810 1910 2010

1608 Fondation de Québec

1759 Prise de Québec

1763 Proclamation royale

1783 Traité de Versailles

1867 Acte de l'Amérique du Nord britannique

Vers 1870 Début de l'immigration vers l'Ouest canadien et les États-Unis

1945 Début du baby-boom

1968 Création du ministère de l'Immigration du Québec

Légende : ■ Régime français   ■ Régime britannique   ■ Période contemporaine

① Décoder l'échelle

1) Si je calcule la différence entre les deux extrémités de la ligne, soit entre 2010 et 1510, j'obtiens une durée totale de 500 ans (2010 − 1510 = 500).

2) Pour obtenir la durée représentée par chaque intervalle, je dois diviser le total de cette durée par le nombre d'intervalles (1510 à 1610 ; 1610 à 1710 ; 1710 à 1810 ; 1810 à 1910 ; 1910 à 2010 = 5 intervalles). Chaque intervalle représente 100 ans, puisque 500 ÷ 5 = 100.

3) La mesure de chaque intervalle est de 5 cm. L'échelle est 5 cm : 100 ans.

② Repérer l'information

a) Le titre m'informe sur le peuplement du pays, à partir de l'arrivée des premiers Européens jusqu'à nos jours.

b) Chaque gradation de la ligne du temps correspond à un fait précis, donc il s'agit d'événements ponctuels.

c) Le code de couleurs me permet de comparer les activités de peuplement sous le Régime français, le Régime britannique et au cours de la période contemporaine.

③ Analyser l'information

Sous le Régime français, le peuplement s'est fait dans l'est du pays. L'immigration anglophone commence sous le Régime britannique avec l'arrivée des Irlandais en 1847. On peut supposer que la population francophone diminue après la prise de Québec en 1759, car après la déportation des Acadiens en 1755, on ne fait pas mention d'une immigration spécifiquement francophone. La création du ministère de l'Immigration du Québec en 1968 et la mise sur pied de la Commission de consultation sur les pratiques d'accommodement reliées aux différences culturelles (commission Bouchard-Taylor) en 2007 laissent supposer que de nombreux immigrants se sont installés au Québec depuis 1947.

La ligne du temps comparative

Une ligne du temps comporte parfois plus d'une chronologie de faits ou d'événements. Chacune est alors représentée sur des niveaux différents, un peu comme si on soudait ensemble des lignes du temps, ayant une même échelle, en vue de mettre en relation des renseignements de deux chronologies. On dit alors qu'il s'agit d'une ligne du temps comparative qui met en relation et en comparaison des faits, des événements ou des réalités sociales.

À QUOI ÇA SERT ?

Une ligne du temps comparative sert à...

>> situer des événements par rapport aux grandes périodes de l'histoire dans lesquelles ces événements s'inscrivent;

>> comparer des sociétés, des civilisations ou des réalités sociales entre elles.

Exemple d'une ligne du temps comparative

L'obtention du droit à la représentation politique au Canada par rapport à la reconnaissance des droits civils ailleurs dans le monde

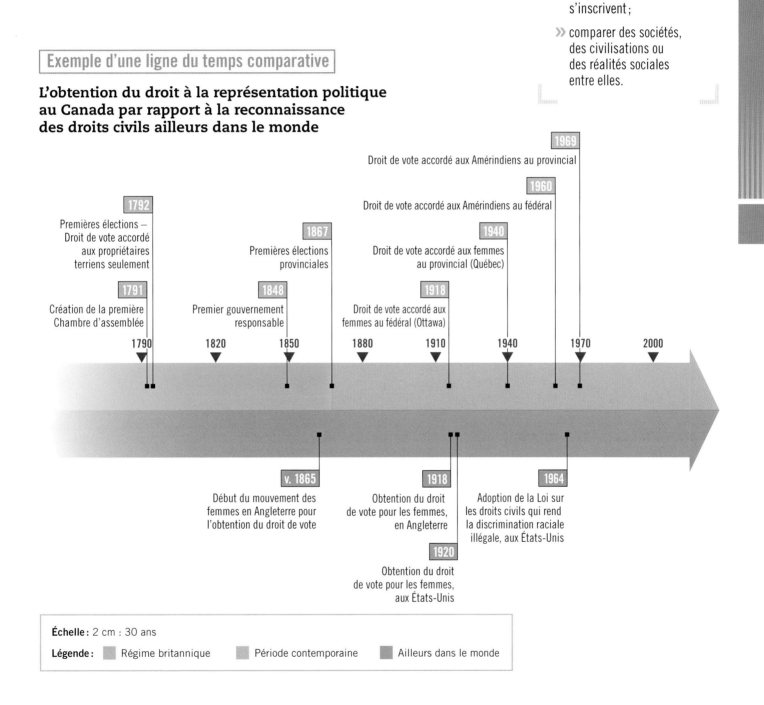

Échelle: 2 cm : 30 ans

Légende: ▨ Régime britannique   ▨ Période contemporaine   ▨ Ailleurs dans le monde

Pour interpréter une ligne du temps comparative, vous devez déchiffrer l'information un niveau à la fois en appliquant la démarche décrite à la section **Comment interpréter une ligne du temps?, pages 4 et 5**. Une fois l'information repérée, vous devez établir des comparaisons ou des rapprochements entre les différents niveaux représentés.

Comment faire une ligne du temps?

La construction d'une ligne du temps se fait en quatre grandes étapes que vous devez suivre méthodiquement pour représenter graphiquement la chronologie des faits ou des événements liés à votre sujet. Vous devez ❶ recueillir et sélectionner l'information, ❷ déterminer l'échelle chronologique, ❸ tracer l'axe gradué et ❹ inscrire l'information.

> Exemple de réalisation d'une ligne du temps

❶ Recueillir et sélectionner l'information

Après avoir précisé le but recherché, vous devez formuler le titre de votre ligne du temps de sorte que votre sujet soit clairement énoncé.

But : Situer l'élection de la première femme au gouvernement du Québec par rapport à l'obtention du droit de vote des femmes.

Titre : La première femme élue au gouvernement du Québec.

Ensuite, vous devez faire une recherche de renseignements qui serviront à dresser une chronologie. La liste des faits ou des événements relatifs à votre sujet, incluant leurs dates et les principaux acteurs/personnages, doit contenir uniquement les renseignements que vous aurez sélectionnées.

1916-1922 Obtention du droit de vote pour les femmes dans toutes les provinces, sauf au Québec

1918 Obtention du droit de vote au fédéral

1922-1940 Mouvement pour le droit de vote des femmes au Québec

1940 Obtention du droit de vote pour les femmes au Québec

1961 Élection de la première femme députée et ministre au Québec, Claire Kirkland-Casgrain

❷ Déterminer l'échelle chronologique

Pour faire la graduation de votre axe, vous devez d'abord choisir l'échelle appropriée en tenant compte de la durée totale que votre ligne du temps devra couvrir et de l'espace dont vous disposez.

1) Pour calculer la durée totale, d'abord arrondir les nombres correspondant aux années de votre chronologie.

■ Pour la première date de la chronologie, soit celle représentant le fait ou l'événement le plus lointain dans le temps, arrondir le nombre vers le bas. Dans le cas présent, 1916 est arrondi à 1910.

■ Pour la date la plus récente, arrondir le nombre vers le haut. Ici, par exemple, 1961 est arrondi à 1970.

2) Pour obtenir la durée totale de la chronologie que la ligne du temps représentera, soustraire la date la plus ancienne de la date la plus récente. Dans cet exemple, vous devez soustraire 1910 de 1970. La durée totale de votre chronologie est donc de 60 ans.

Puisque la durée totale de votre chronologie est de 60 ans, l'intervalle de temps le plus approprié est la décennie (10 ans).

Comme il y a 6 périodes de 10 ans dans 60 ans, vous devez diviser votre axe en 6 segments égaux (intervalles). Par exemple, si votre axe est de 12 cm, vous obtiendrez une longueur de 2 cm pour chaque intervalle de 10 ans et votre échelle se lira 2 cm : 10 ans.

③ Tracer l'axe gradué

Une fois l'échelle déterminée (2 cm : 10 ans), tracez un axe horizontal orienté, puis divisez l'axe en segments égaux de 2 cm, identifiés par de courts traits verticaux (gradations). Effectuez la graduation de votre axe en utilisant seulement les dates pertinentes (nombres repères) de votre chronologie.

|1910 |1920 |1930 |1940 |1950 |1960 |1970 ⟶

④ Inscrire l'information

Indiquez les renseignements concernant les faits ou les événements que vous souhaitez représenter.

1) Écrire les dates et les renseignements pertinents de façon succincte, le long de l'axe, en respectant l'échelle choisie. Si un événement se prolonge au-delà d'une année, il faut le représenter par un trait.

2) Réviser le titre de votre ligne du temps, le reformuler au besoin, puis ajouter la légende.

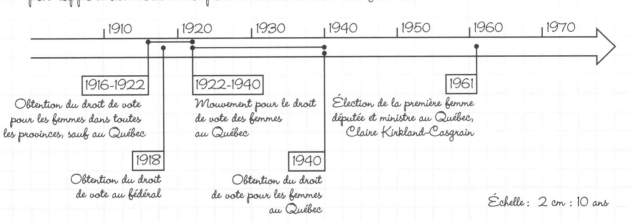

La cartographie est la science de l'élaboration et de l'analyse des cartes. Elle est un des moyens privilégiés pour l'analyse et la communication en géographie, puisqu'elle permet de mieux comprendre l'espace, les territoires et les paysages. La cartographie est également utilisée en histoire et dans plusieurs autres disciplines (sciences de l'environnement, écologie, biologie, démographie, sociologie, économie, etc.). Elle permet de représenter, selon diverses références spatiales (lieux), une information liée à des faits, à des phénomènes ou à des événements.

En général, les cartes sont une reproduction fidèle d'un paysage, d'une portion de l'espace terrestre, où tous les éléments du paysage sont reproduits à l'échelle selon des règles précises (conventions). L'utilisation de symboles permet de représenter les informations (ex.: pictogrammes représentant les infrastructures routières, les industries, etc.), tout comme leur importance relative (ex.: des formes représentatives illustrant la taille des populations ou des fonds de couleur illustrant des zones à plus forte densité de population).

Qu'est-ce qu'une projection cartographique?

Une carte est la projection d'une partie ou de la totalité de la surface sphérique de la Terre sur une surface plane. C'est ce que l'on appelle une « projection cartographique ».

Un globe terrestre est une représentation réaliste de la Terre; sa forme sphérique est légèrement aplatie aux deux pôles. Il est toutefois bien difficile de « dérouler » cette figure sur une surface plane. Le cône, le cylindre et le plan sont des figures géométriques parfois utilisées pour transposer la représentation de la Terre sur une surface plane. Cette façon de faire entraîne cependant des déformations des surfaces représentées ainsi que des différences au niveau des dimensions ou des angles selon les techniques utilisées.

Il existe trois types de projections cartographiques qui ont chacun leurs particularités : les **projections cylindriques** (ex. : projection de Mercator), les **projections coniques** (ex. : projection de Lambert) et les **projections azimutales** (projections sur un plan que l'on nomme aussi « projections planes »). Les projections azimutales sont davantage appropriées pour représenter les zones polaires.

Exemple d'une projection cylindrique

Une projection de Mercator

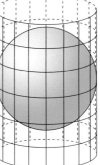

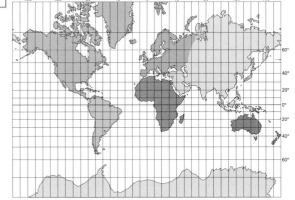

Source : ERPI-DeBoeck, *Le grand Atlas du Canada et du monde*, 2e édition, page 6.

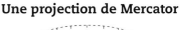

Exemple d'une projection conique

Une projection de Lambert

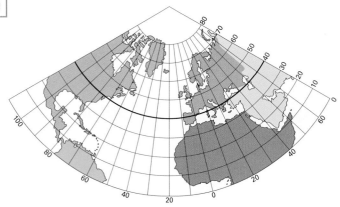

Source : ERPI-DeBoeck, *Le grand Atlas du Canada et du monde*, 2e édition, page 6.

Exemple d'une projection azimutale

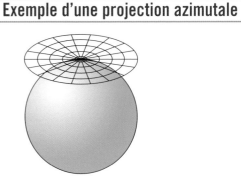

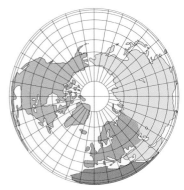

Source : ERPI-DeBoeck, *Le grand Atlas du Canada et du monde*, 2e édition, page 7.

SECTION 2

Qu'est-ce qu'un planisphère ?

Un planisphère est une carte géographique qui représente l'ensemble du globe terrestre sur une surface plane. Il indique les frontières territoriales et politiques, et sert aussi à représenter des phénomènes répartis sur l'ensemble du globe. On peut adapter le planisphère à un thème.

Exemple d'un planisphère

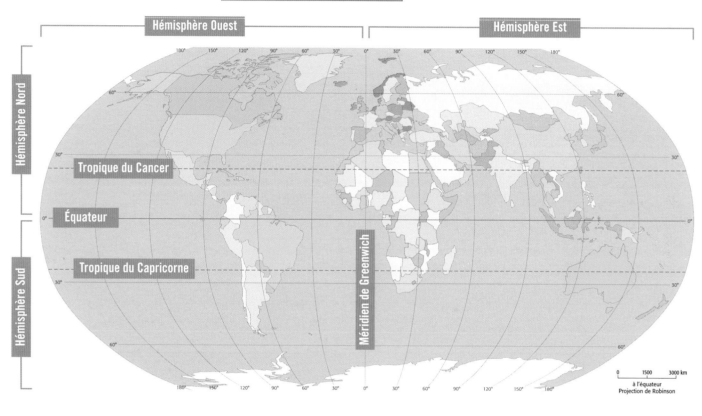

Sur un planisphère, les méridiens ou lignes de longitude sont les lignes imaginaires (verticales) qui vont du nord au sud, soit d'un pôle à l'autre. Le méridien qui passe par Greenwich (en Grande-Bretagne) constitue la ligne de référence pour déterminer les longitudes Est ou Ouest. C'est lui qui a la valeur zéro et on l'appelle le « méridien de Greenwich ».

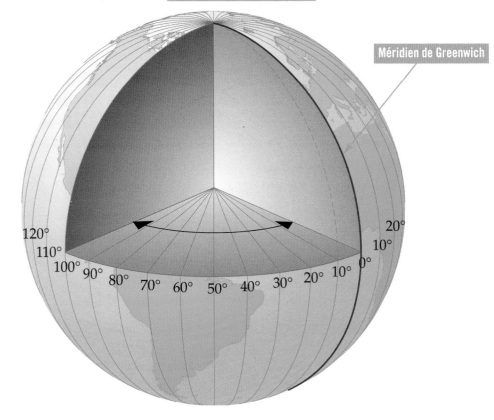

Méridien de Greenwich

Les parallèles ou lignes de latitude sont les lignes imaginaires (horizontales) qui entourent la Terre d'est en ouest. C'est l'équateur qui constitue la ligne de référence des latitudes Nord ou Sud et qui prend la valeur zéro.

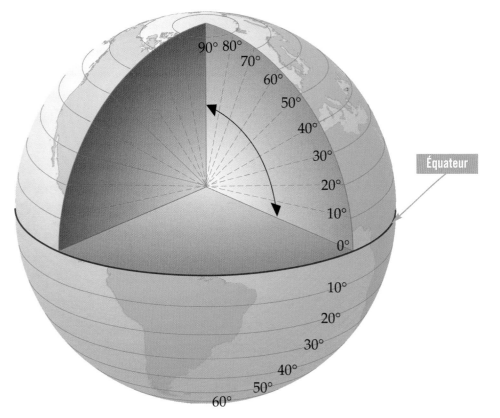

Équateur

Que sont les repères géographiques ?

Les repères géographiques permettent de localiser un lieu sur une carte. Ils sont composés des repères alphanumériques et des coordonnées géographiques.

Les repères alphanumériques

Les repères alphanumériques sont déterminés par les lignes imaginaires entrecroisées des latitudes et des longitudes de la Terre, qui forment une grille sur une carte. À chacune des cases de cette grille correspondent des lettres, qui suivent les longitudes, et des chiffres, qui suivent les latitudes. On peut ainsi localiser rapidement un lieu dont on a le repère alphanumérique. Par exemple, en cherchant Montréal dans l'index d'un atlas, si celui-ci vous renvoie à la page 31 E5, vous devez repérer la colonne E et la ligne 5 à la page 31; il s'agit du repère alphanumérique de Montréal sur cette carte.

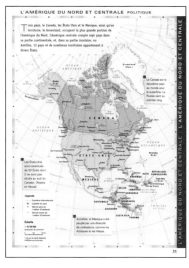

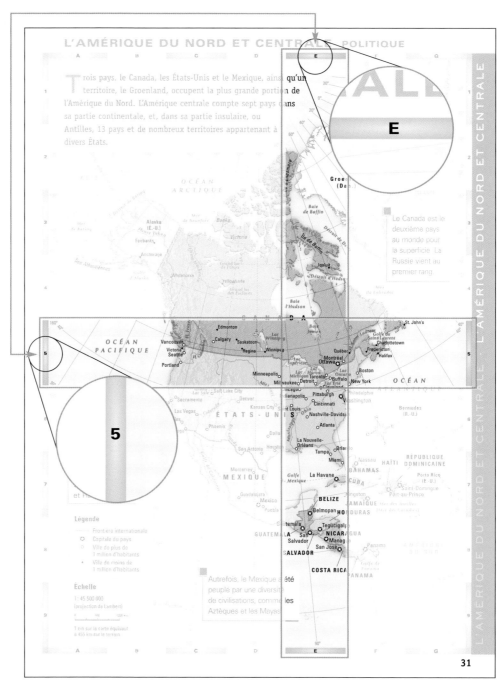

Les coordonnées géographiques

Les coordonnées géographiques sont constituées de la latitude et de la longitude d'un lieu et servent à localiser ce lieu, de façon précise, sur la surface de la Terre. Pour comprendre ce système de repérage, il faut s'imaginer que la Terre est couverte de lignes horizontales (les latitudes) et de lignes verticales (les longitudes).

La latitude d'un lieu, c'est la distance de ce lieu, en degrés, par rapport à l'équateur, qui correspond à la latitude 0. Pour indiquer que ce lieu se situe au sud ou au nord de l'équateur, on utilise les lettres S ou N. Par exemple, Montréal se trouve à une latitude de 45° N.

La longitude d'un lieu, c'est la distance de ce point, en degrés, par rapport au méridien de Greenwich, qui correspond à la longitude 0. Pour indiquer que ce lieu se situe à l'est ou à l'ouest du méridien de Greenwich, on utilise les lettres E ou W. Par exemple, Montréal se trouve à une longitude de 73° W.

L'unité de mesure des coordonnées géographiques est le degré. Un degré se subdivise en 60 minutes (indiqué par le symbole « ' ») et une minute, en 60 secondes (indiqué par le symbole « " »). Ces données permettent de situer avec précision un lieu qui se trouve entre deux lignes de latitude ou deux lignes de longitude, quelle que soit la carte consultée. Par exemple, les coordonnées géographiques de Montréal sont 45° 30' N et 73° 35' W et se lisent : « 45 degrés 30 minutes de latitude Nord et 73 degrés 35 minutes de longitude Ouest ».

INFO

On utilise la lettre « W », et non la lettre « O », pour représenter l'ouest afin d'éviter toute confusion avec le chiffre 0 (zéro).

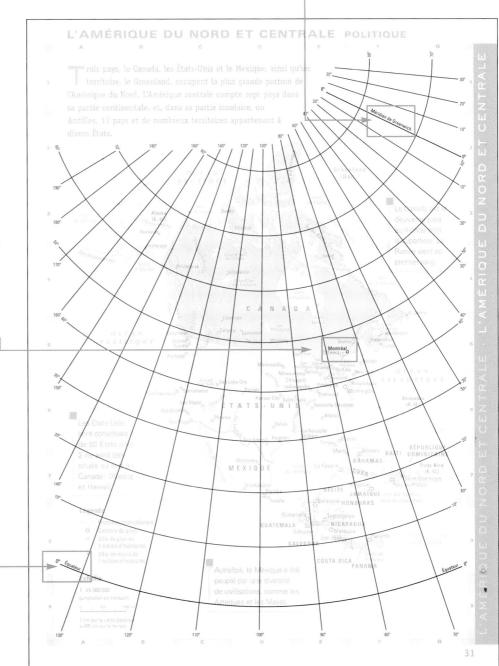

À QUOI ÇA SERT ?

Une carte géographique sert à...

» localiser des objets ou des phénomènes à la surface de la Terre ;

» transmettre des connaissances relatives à un territoire ou à un milieu de vie ;

» aider des individus ou des collectivités à prendre des décisions par rapport à l'organisation ou à la gestion d'un territoire ;

» vérifier ou infirmer des hypothèses ;

» simplifier la réalité ;

» expliquer des réalités.

Qu'est-ce qu'une carte géographique ?

Une carte géographique est une représentation graphique du monde réel. Il s'agit d'une image réduite d'une partie de la surface de la Terre ou de sa totalité.

Toute carte géographique est généralement accompagnée des cinq éléments suivants : un titre, une légende, une rose des vents, une source et une échelle.

■ Le titre d'une carte en définit le sujet. Vous devez prêter attention au titre lorsqu'on vous demande d'interpréter une carte, car il vous permet de comprendre ce qui est représenté sur la carte.

■ La légende, qui se trouve souvent dans un encadré, reprend tous les symboles utilisés sur une carte et en donne la signification. Les symboles sont constitués de couleurs ou de pictogrammes, qu'il est facile de repérer sur une carte et dont la signification découle de l'information présentée sur la carte ou du thème traité par la carte.

Légende

— Frontière internationale

Superficie des forêts
(en millions d'hectares)

☐ Moins de 1
☐ De 1 à 10
☐ De 11 à 20
☐ De 21 à 50
☐ De 51 à 100
☐ 101 et plus
☐ Données non disponibles

■ La rose des vents illustre les points cardinaux : le nord, le sud, l'ouest et l'est. Par convention, le nord se trouve toujours en haut sur une carte, mais il est toujours préférable de l'indiquer. Donc, le sud se trouve en bas (à l'opposé) ; l'est est à droite et l'ouest, à gauche. Souvent, il n'y a qu'une flèche qui indique le nord.

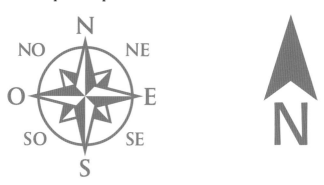

■ La source d'une carte indique la provenance des données ou de la carte. Ce renseignement est important, car il permet de retracer les informations illustrées, soit pour en valider le contenu ou pour demander l'autorisation de les utiliser.

■ L'échelle est le rapport entre la grandeur de l'espace représenté sur une carte et la superficie réelle de cet espace à la surface de la Terre. L'échelle d'une carte exprime ce rapport de réduction de la distance comprise entre deux points de la carte à la distance réelle entre ces deux points dans l'espace. Plus l'échelle est petite, plus la portion représentée de la surface de la Terre est grande ; plus l'échelle est grande, plus la portion représentée est petite. Tracée à petite échelle, une carte révèle peu de détails ; à grande échelle, elle en révèle de nombreux.

Il existe trois moyens de représenter une échelle :

– L'échelle numérique s'écrit, par exemple, « 1 : 45 500 000 ». Ce type d'échelle indique que 1 cm sur la carte correspond à 45 500 000 cm sur la surface réelle.

– L'échelle graphique se présente sous la forme suivante : 0   500   1000 km.

– L'échelle verbale est la formulation en mots du rapport de proportion utilisé. Par exemple : « 1 cm sur la carte équivaut à 455 km sur le terrain ».

Échelle

1 : 45 500 000

(projection de Lambert)

0   500   1000 km

1 cm sur la carte équivaut
à 455 km sur le terrain.

INFO

Une carte peut parfois être accompagnée d'une échelle représentée sous les trois formes.

Exemple d'une carte géographique

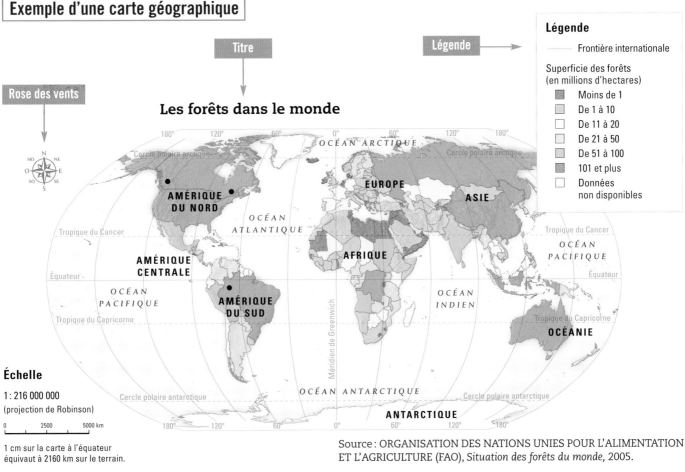

Rose des vents

Titre

Légende

Légende

——— Frontière internationale

Superficie des forêts
(en millions d'hectares)

☐ Moins de 1
☐ De 1 à 10
☐ De 11 à 20
☐ De 21 à 50
☐ De 51 à 100
☐ 101 et plus
☐ Données
   non disponibles

Les forêts dans le monde

Échelle

1 : 216 000 000

(projection de Robinson)

0   2500   5000 km

1 cm sur la carte à l'équateur
équivaut à 2160 km sur le terrain.

Source : ORGANISATION DES NATIONS UNIES POUR L'ALIMENTATION ET L'AGRICULTURE (FAO), *Situation des forêts du monde*, 2005.

Échelle

Source

SECTION 2

Les différentes cartes géographiques

Il existe deux grandes familles de cartes géographiques : les cartes topographiques et les cartes thématiques. Quel qu'en soit le type, une carte géographique contient des données statiques et/ou des données dynamiques.

- Les données statiques portent sur des faits tels qu'ils existent à un moment précis. La plupart des cartes géographiques contiennent des données statiques.

- Les données dynamiques se rapportent à la progression d'un phénomène ou à un mouvement, inscrit dans le temps ou dans l'espace. On trouve ces données sur des cartes thématiques et des cartes historiques.

Exemple d'une carte avec données statiques

L'organisation du territoire en Amazonie brésilienne

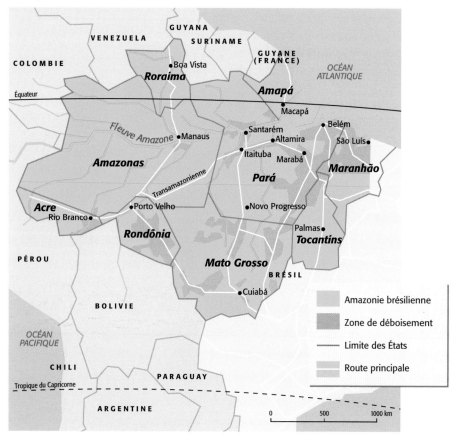

Source : ERPI, *Territoires 2*, page 27.

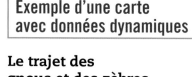

Exemple d'une carte avec données dynamiques

Le trajet des gnous et des zèbres

Source : ERPI, *Territoires 1*, page 223.

Les cartes topographiques

Les cartes topographiques (carte physique, carte routière et carte du relief) présentent :

- certaines caractéristiques physiques d'un lieu : le relief (topographie et terrain), l'hydrographie (lacs, rivières et autres), ainsi que les zones forestières ;

- certaines caractéristiques humaines d'une région : les zones administratives et habitées, ainsi que les voies et infrastructures de transport.

La carte physique

Une carte physique contient des courbes de niveau qui nous informent sur l'altitude des sommets des montagnes et sur les dénivelés. Les utilités de ce type de carte sont multiples (opérations d'aménagement du territoire, analyses environnementales, tracés de canotage, de chasse, de pêche ou de camping, etc.) et elle sert souvent de base aux cartes thématiques.

La carte routière

Une carte routière présente des caractéristiques humaines qui servent à situer les agglomérations d'un territoire et les routes qui les desservent. Elle permet d'évaluer les distances entre les différents lieux. L'échelle y est très importante pour calculer le kilométrage à parcourir. Ce type de carte facilite les déplacements en voiture.

Exemple d'une carte routière

Détail d'une carte routière du Québec

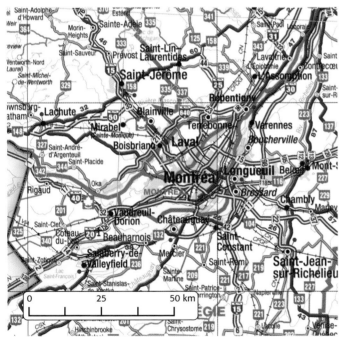

Source : Archives *La Presse*.

La carte du relief

Une carte topographique du relief représente les caractéristiques physiques d'un territoire en illustrant l'altitude du terrain (montagnes, plateaux et plaines). Certaines cartes du relief fournissent, de plus, de l'information sur les réseaux hydrographiques et les grands ensembles physiographiques. Ce type de carte est parfois appelé « carte physique ».

Exemple d'une carte physique

Détail d'une carte physique de Saint-Donat-de-Montcalm

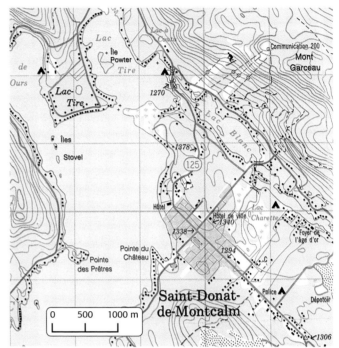

Source : Ministère des Mines, des Ressources et de l'Énergie, Canada.

Exemple d'une carte du relief

Le relief de la Californie

Source : ERPI, *Territoires 1*, page 178.

Les cartes thématiques

Les cartes thématiques servent à représenter différents éléments à une échelle locale, nationale ou internationale. Elles proposent une vue d'ensemble de la répartition de certains éléments suivant l'échelle choisie ou encore elles permettent de décrire une situation (ex. : catastrophe naturelle, précipitations, végétation, population, urbanisation, etc.) à l'aide de symboles appropriés (pictogrammes, couleurs, etc.).

Exemple d'une carte thématique

L'étalement urbain de la région métropolitaine de Montréal de 1957 à 2006

Ici, un code de couleurs est utilisé pour indiquer la progression de l'occupation urbaine sur le territoire de la région métropolitaine de Montréal : plus la couleur est pâle et plus l'occupation urbaine est récente.

- 1957
- 1972
- 1985
- 2006

Source : ERPI, *Territoires 2*, page 20.

Comment interpréter une carte géographique ?

Exemple d'interprétation d'une carte géographique

1 Lire d'abord le titre de la carte : il donne une idée de son contenu (le territoire représenté et le sujet traité). Déterminer le type de carte dont il s'agit (une carte topographique ou une carte thématique) ainsi que le thème de la carte.

Le sujet de cette carte thématique est le réseau de transport en commun dans la région métropolitaine de Montréal.

2 Prendre connaissance de l'échelle et de l'orientation de la carte.

L'échelle est de 2,9 cm pour 20 km et l'ensemble du territoire couvert est de 4535 km² environ. Sur cette carte, le nord n'est pas indiqué.

3 Étudier la légende : décoder les signes et les symboles, puis les repérer sur la carte.

Les symboles de la légende représentent les lignes et les stations de métro ainsi que les lignes de train de banlieue. Les gares de train sont également indiquées.

4 Dégager l'information contenue dans la carte.

Les îles de Montréal et Laval sont illustrées, tout comme les couronnes Nord et Sud. J'observe que les lignes de métro sont concentrées dans le centre de l'île de Montréal et que le train dessert cinq régions des couronnes Nord et Sud confondues. J'en déduis que le transport en commun n'est pas très accessible aux populations vivant en dehors de Montréal et que ces populations doivent donc utiliser leurs automobiles plus souvent, ce qui nuit à l'environnement.

Le transport en commun dans la région métropolitaine de Montréal

Source : ERPI, *Territoires 2*, page 27.

Ligne de métro

--- Ligne de train de banlieue

○ Station de métro

● Gare

5 Pour localiser un lieu, vérifier s'il y a des repères alphanumériques sur la carte. Certaines cartes (carte routière et plan de ville) comportent en effet un index des toponymes, accompagné de repères alphanumériques permettant de localiser les lieux.

Il n'y a pas de coordonnées géographiques sur cette carte.

Le croquis géographique

Un croquis géographique est un dessin schématique (ou simplifié) d'un territoire, tracé à partir de ses caractéristiques géographiques. Il permet, par exemple, d'établir les grandes lignes d'un plan d'aménagement urbain adopté par une localité.

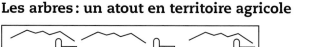

Exemple d'un croquis géographique

Les arbres : un atout en territoire agricole

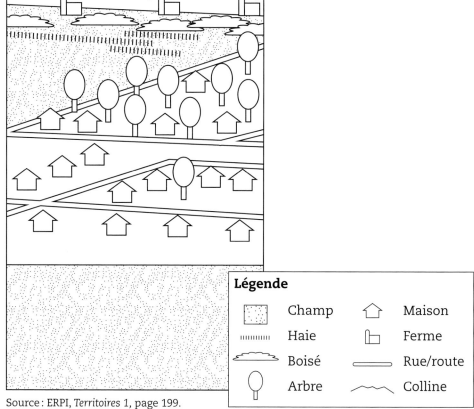

Source : ERPI, *Territoires 1*, page 199.

Légende

▢	Champ	⌂	Maison
⊓⊓⊓	Haie	⊔	Ferme
☁	Boisé	══	Rue/route
☖	Arbre	⌒⌒	Colline

Comment faire un croquis géographique ?

Pour faire un croquis géographique, vous devez suivre une démarche simple en six étapes : ❶ déterminer votre but ; ❷ recueillir les informations ; ❸ dégager les trois plans à représenter ; ❹ tracer le dessin ; ❺ écrire la légende ; et ❻ donner un titre au croquis.

Exemple de réalisation d'un croquis géographique

❶ Déterminer l'intention visée ou le but recherché : à quoi servira le croquis ?

Dans ce croquis, mon intention est de faire ressortir les caractéristiques principales de la ville du Caire parce qu'elles influencent le développement de la ville à court et à long terme.

2 Trouver les éléments essentiels à représenter en fonction de l'objectif poursuivi : constructions, reliefs, hydrographie et axes routiers, végétation et autres.

Les éléments à souligner sont la proximité de la ville et du désert, l'envahissement de la ville par le désert, le tourisme, la forte densité de population, la végétation clairsemée, les gratte-ciel et la pollution visible au-dessus de la ville (le smog).

3 Dégager les trois plans (le plan rapproché, le plan moyen et l'arrière-plan).

Arrière-plan

Plan moyen

Plan rapproché

Source : TIPS IMAGES.

INFO

Le **plan rapproché** ou avant-plan est le plan le plus proche sur une photographie.

Le **plan moyen** ou second plan offre une vue sur le centre de la photographie.

L'**arrière-plan** est le plan le plus éloigné sur la photographie.

4 Faire une représentation simplifiée du paysage réel grâce à une symbolique choisie.

5 Écrire la légende.

▨	*Désert*	▦	*Habitat*	◎	*Pollution*
Ⓣ	*Tourisme*	✳	*Végétation*		
⬲	*Étalement de la métropole*	■	*Gratte-ciel*		

6 Donner au croquis un titre qui exprime l'intention visée.

Titre de mon croquis : Un développement dans le désert.

À QUOI ÇA SERT ?

La carte schématique sert à...

» faire une représentation simplifiée de l'organisation d'un espace ;

» représenter des particularités d'un territoire, d'un phénomène ou d'un mouvement ;

» communiquer les observations faites dans un croquis géographique.

Légende

▮ Centre des congrès de Québec
▮ Vieux-Port
▮ Place-Royale
▮ Château Frontenac
▮ Édifice Price

▬ Parcours en voiture
▬ Parcours à pied
▬ Montée en funiculaire
🅿 Stationnement

La carte schématique

Une carte schématique est une représentation simplifiée de la réalité, qui possède les mêmes caractéristiques qu'une carte géographique. Ce type de carte est un outil de communication qui vise, entre autres, à représenter les traits essentiels d'un territoire, d'un phénomène ou d'un mouvement.

| Exemple d'une carte schématique |

Mon itinéraire de la journée dans la ville de Québec

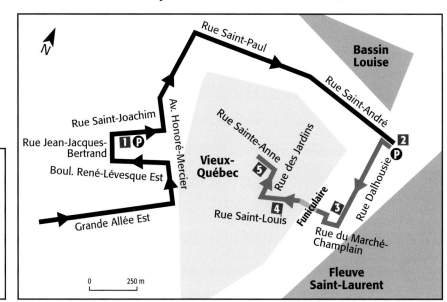

Source : ERPI, *Territoires 1*, page 151.

Comment faire une carte schématique ?

La réalisation d'une carte schématique consiste essentiellement à ajouter des textes, des statistiques et des éléments graphiques illustrant un phénomène à un croquis géographique.

| Exemple de réalisation d'une carte schématique |

1 Déterminer l'intention, le but poursuivi : à quoi servira la carte (par exemple : décrire, définir ou expliquer un concept) ?

Mon intention est de représenter l'interdépendance énergétique entre les pays du golfe Persique et les pays industrialisés.

2 Consulter plusieurs sources d'information (cartes, tableaux et documents divers) et relever les données pertinentes.

INFO

Un fond de carte représente les contours schématiques simplifiés d'une carte.

Les informations à rechercher sont les suivantes : un fond de carte de planisphère, des données relatives aux exportations de pétrole à partir du golfe Persique (quantités exportées et régions du monde importatrices) et les routes du pétrole (la circulation du pétrole entre le golfe Persique et les régions importatrices).

③ Selon l'intention visée, déterminer les éléments essentiels à représenter.

Éléments retenus pour la carte : les limites du territoire du golfe Persique ; les quantités de pétrole exportées à partir du golfe Persique dans trois grandes régions du monde (Asie : 50 % ; Europe de l'Ouest : 20 % ; et États-Unis : 20 %) ; les routes du pétrole vers ces trois grandes régions.

④ Illustrer vos données dans un schéma de concepts, par exemple, les phénomènes et les espaces à cartographier. Choisir les symboles qui vont représenter ces éléments. Rédiger une légende.

Région du golfe Persique
Route du pétrole
Région importatrice de pétrole

Part du pétrole exporté :
20 %
50 %

⑤ Tracer la carte schématique et y reporter les renseignements à l'aide des signes et des symboles choisis.

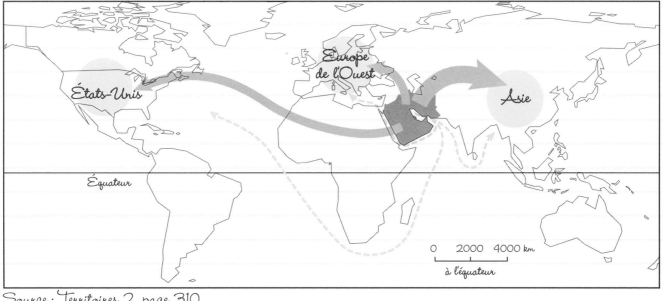

Europe de l'Ouest
États-Unis
Asie
Équateur
0   2000   4000 km
à l'équateur

Source : Territoires 2, page 310.

⑥ Donner un titre à la carte schématique qui annonce le but ou la problématique liée au sujet d'étude.

Titre de ma carte : Le pétrole du golfe Persique : un enjeu capital.

⑦ Indiquer l'échelle appropriée.

Mon échelle est 1 cm : 2000 km.

SECTION 2

À QUOI ÇA SERT ?

Une image géographique sert à...

» représenter visuellement l'occupation ou l'évolution d'un territoire.

INFO

Un territoire est un espace que les humains se sont approprié, qu'ils ont transformé et auquel ils ont donné un sens et une organisation particulière.

Qu'est-ce qu'une image géographique ?

Une image géographique est la représentation visuelle d'un territoire. Elle peut être présentée sous la forme d'une photographie ou d'une image satellitale. L'image géographique d'un territoire témoigne de la situation de ce territoire à petite ou à grande échelle.

Les images géographiques font partie des documents iconographiques que vous pouvez trouver à la section **Documents iconographiques, page 84**.

Les photographies

Une photographie représente la vue d'un territoire à un moment précis et sous un angle particulier. On retrouve différents types de représentations visuelles dans cette catégorie, soit la vue urbaine, la vue de paysage et la vue aérienne.

La vue urbaine

Une vue urbaine est une photographie de la vie en ville : bâtiments et architecture. La photo peut être prise en plan rapproché sans forcément offrir de perspective, c'est-à-dire de plan moyen ou d'arrière-plan.

| Exemple d'une vue urbaine |

La pointe sud de Manhattan, à New York, aux États-Unis

Source : CORBIS, D. J. Zimmerman.

La vue de paysage

Une vue de paysage peut être une photographie d'un paysage tel qu'il est vu par l'être humain. Ce paysage peut être une rivière, un champ agricole, une plantation, un désert ou autre. Dans ce type de photo, qui est généralement prise à partir du sol, on retrouve les trois plans de vue : le plan rapproché, le plan moyen et l'arrière-plan.

Exemple d'une vue de paysage

Un brise-glace de la garde côtière canadienne sur la côte de l'île de Baffin

arrière-plan

plan moyen

plan rapproché

Source : CANADIAN PETROLEUM INTERPRETIVE CENTRE.

La vue aérienne

Une vue aérienne est habituellement une photographie prise à partir du ciel. Le point de vue est totalement différent d'une photo prise au sol. Plus la photo est prise de haut, plus les perspectives en sont effacées.

Ce type de photo est efficace pour rendre compte de l'organisation d'un territoire et est très utile pour faire des cartes thématiques ou schématiques. Une vue aérienne prise de très haut, à la verticale, offre le même point de vue qu'une carte géographique.

Exemple d'une vue aérienne

Le village de Chisasibi, dans le nord du Québec

Source : Jimmy Sam.

Les images satellitales

Une image satellitale est constituée de données enregistrées par des capteurs non photographiques situés sur un satellite. Ces images satellitales, dont les couleurs sont artificielles, permettent aux chercheurs d'obtenir une multitude de renseignements, entre autres, sur les phénomènes naturels, la météo, les aménagements humains et leur évolution, les zones agricoles et l'état des ressources naturelles.

Exemple d'une image satellitale

Une image satellitale d'une partie du territoire du Québec, prise à partir du satellite *Landsat*, le 8 juin 2001

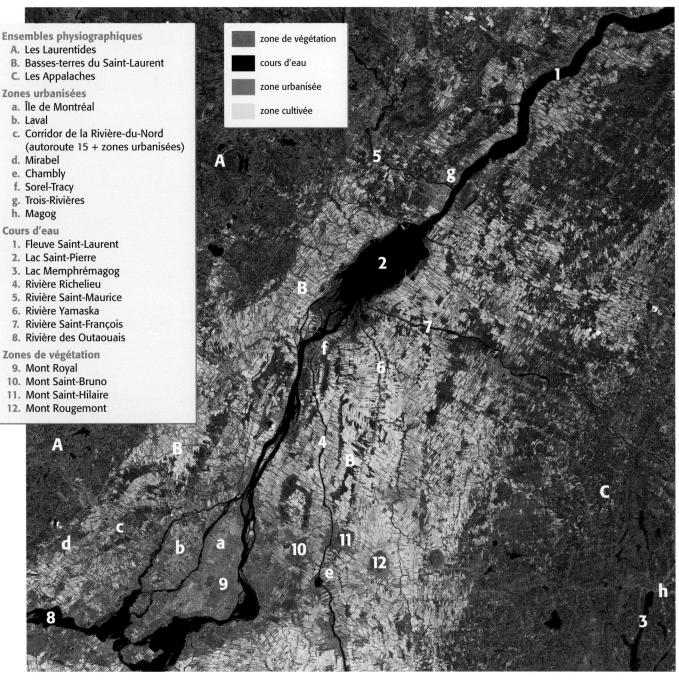

Ensembles physiographiques
A. Les Laurentides
B. Basses-terres du Saint-Laurent
C. Les Appalaches

Zones urbanisées
a. Île de Montréal
b. Laval
c. Corridor de la Rivière-du-Nord
   (autoroute 15 + zones urbanisées)
d. Mirabel
e. Chambly
f. Sorel-Tracy
g. Trois-Rivières
h. Magog

Cours d'eau
1. Fleuve Saint-Laurent
2. Lac Saint-Pierre
3. Lac Memphrémagog
4. Rivière Richelieu
5. Rivière Saint-Maurice
6. Rivière Yamaska
7. Rivière Saint-François
8. Rivière des Outaouais

Zones de végétation
9. Mont Royal
10. Mont Saint-Bruno
11. Mont Saint-Hilaire
12. Mont Rougemont

Légende de l'image :
- zone de végétation
- cours d'eau
- zone urbanisée
- zone cultivée

Source : Robert Desjardins, Département de géographie, UQAM.

Comment interpréter une image géographique?

Pour interpréter une image géographique, vous devez d'abord vérifier s'il s'agit d'une photographie ou d'une image satellitale. Dans les deux cas, la démarche est relativement simple, mais comporte des nuances importantes à prendre en considération.

L'interprétation d'une photographie

On interprète une photographie en tenant compte du contexte dans lequel elle a été placée et en suivant la démarche simple suivante qui permet d'en tirer l'essentiel.

Exemple d'interprétation d'une photographie

1 Lire le titre qui accompagne la photographie. Quels renseignements vous fournit-il?

La photographie représente l'aéroport Roissy-Charles-de-Gaulle, en région parisienne.

L'aéroport Roissy-Charles-de-Gaulle, en région parisienne

Source : Dave Bartruff.

2 Se demander ce qu'illustre la photographie dans le contexte où elle est présentée (par exemple, le sujet à l'étude).

Ici, aucun texte n'accompagne la photo. Mais, je pourrais écrire un texte sur l'organisation du territoire ou le trafic aérien.

3 Déterminer l'intention visée par le ou la photographe en prenant le cliché. Relever les données relatives à la photo : la date à laquelle elle a été prise, son auteur, le lieu illustré et la vue qu'elle offre (vue urbaine, vue de paysage ou vue aérienne).

Il n'y a ni la date ni le nom de l'auteur sur la photographie. La photo offre une vue aérienne. L'intention visée par le ou la photographe est de montrer la proximité de l'aéroport avec les habitations ainsi que les champs agricoles. Je peux en déduire que des habitants vivent près de l'aéroport et subissent la pollution sonore (le bruit des avions) et la pollution atmosphérique. De plus, un accident d'avion provoquerait beaucoup plus de dégâts près de ces zones urbaines qu'en zone peu habitée.

4 Décrire la photographie, tout ce qui est visible sur les différents plans (plan rapproché, plan moyen ou arrière-plan), soit les détails et la vue d'ensemble.

Bien que la photo offre une vue aérienne, je peux y observer les trois plans : sur le plan rapproché, je vois l'aéroport et les nombreux avions stationnés ; sur le plan moyen, je vois les pistes d'atterrissage de l'aéroport ; en arrière-plan, je vois des champs cultivés et des habitations.

L'interprétation d'une image satellitale

On interprète une image satellitale en suivant la démarche simple décrite ci-après.

> **Exemple d'interprétation d'une image satellitale**

L'évolution du déboisement entre 1975 et 2001 dans l'État du Rondônia, au Brésil

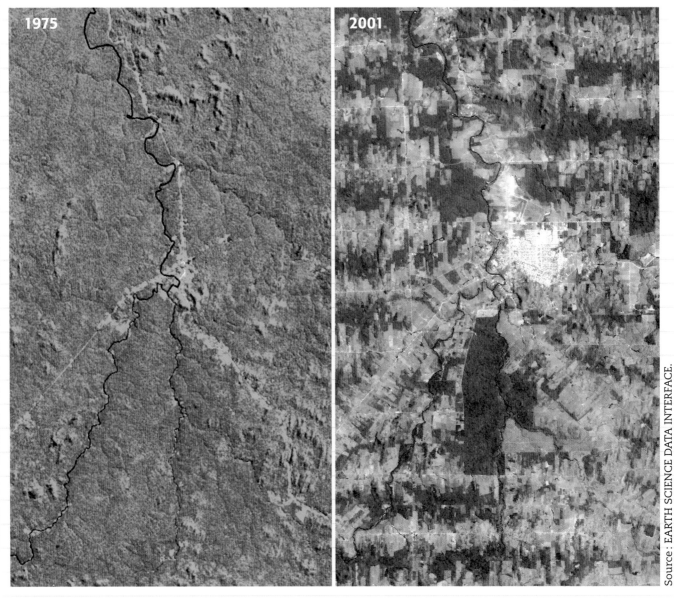

1975 2001

Source : EARTH SCIENCE DATA INTERFACE.

① Lire le titre qui accompagne l'image. Quels renseignements vous fournit-il ?

Ces images satellitales prises à deux moments différents montrent l'évolution du déboisement dans une région du Brésil.

② Repérer le lieu illustré. Quel est le territoire que l'on montre ?

Le lieu représenté est l'État du Rondônia.

3 Lire la légende et déterminer la superficie du territoire étudié à l'aide de l'échelle.

Ici, l'échelle n'est pas indiquée, mais en faisant une courte recherche, j'ai appris que la superficie de l'État du Rondônia est de 237 000 km² environ.

4 Décoder les couleurs utilisées pour illustrer les informations. Définir le type de territoire dont il s'agit : territoire agricole, territoire urbain, territoire forestier ou territoire désertique.

Aucune légende n'est fournie, mais le titre parle de déboisement (coupe des arbres). J'en déduis qu'il s'agit d'un territoire forestier.

5 Décrire ce que vous voyez. Si vous comparez des images prises à deux moments différents, il faut bien observer les images et tirer les conclusions qui s'imposent. L'interprétation des couleurs est un point important, car elles permettent généralement de montrer l'évolution du territoire.

Donc, la couleur verte représente la zone forestière et, sur la seconde carte, je remarque qu'il y a beaucoup moins de vert foncé. J'en conclus que la forêt diminue pour laisser place à des habitations, à des routes ou à la construction de nouvelles zones urbaines et agricoles. Je note aussi un espace blanc, qui ne contient donc plus d'arbres du tout.

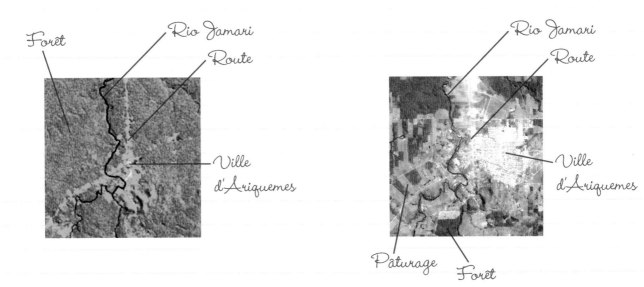

J'observe qu'en 26 ans, environ les 3/4 du territoire forestier ont été détruits pour faire place au développement urbain.

SECTION 2

Une carte historique sert à...

» illustrer l'évolution d'un fait ou d'un phénomène au cours de différentes périodes historiques ;

» montrer l'état d'un territoire à un moment donné de son histoire ;

» vérifier ou infirmer des hypothèses.

Qu'est-ce qu'une carte historique ?

Une carte historique est une carte géographique thématique qui illustre un événement, un phénomène ou une réalité historique. Elle fournit de l'information sur la façon dont les gens d'une autre époque occupaient le territoire et voyaient le monde. La carte historique peut représenter aussi bien une petite région du monde que l'ensemble des continents. Elle peut contenir des renseignements d'ordre politique, économique, social, démographique ou culturel.

Comme toute carte géographique, une carte historique présente des données (politiques, économiques, sociales, démographiques, culturelles), statiques ou dynamiques, sur un lieu géographique (quartier, ville, province, pays, etc.) et comporte habituellement :

■ un titre, qui révèle l'intention des auteurs de la carte et la situe dans le temps ;

■ une légende, qui contient la liste des signes et des symboles utilisés et leur signification ;

Exemple d'une carte historique

L'Amérique du Nord britannique, en 1791

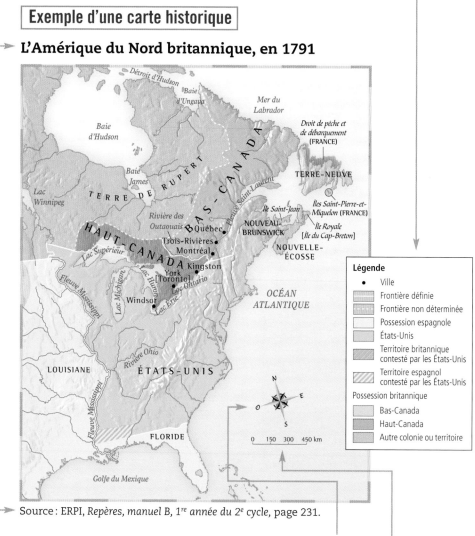

Source : ERPI, *Repères, manuel B, 1re année du 2e cycle*, page 231.

■ une rose des vents ou une flèche pointant vers le nord ;

■ une échelle, qui indique le rapport de grandeur entre l'espace représenté sur la carte et la représentation réelle de cet espace ;

■ une source, qui indique la provenance de la carte utilisée.

Les cartes historiques présentent parfois des données dynamiques qui permettent d'illustrer l'évolution d'un phénomène dans le temps ou dans l'espace.

Exemple d'une carte historique avec données dynamiques

L'essor urbain et commercial au Moyen Âge

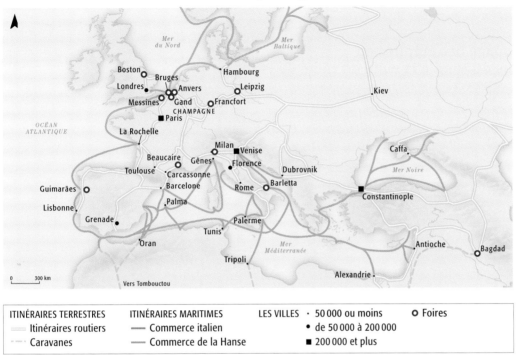

ITINÉRAIRES TERRESTRES	ITINÉRAIRES MARITIMES	LES VILLES	· 50 000 ou moins	○ Foires
Itinéraires routiers	Commerce italien		• de 50 000 à 200 000	
Caravanes	Commerce de la Hanse		■ 200 000 et plus	

Source : ERPI, *Réalités, manuel 1B*, page 305.

Les cartes historiques peuvent également présenter des données statiques qui illustrent des faits ou dressent le portrait d'une situation à un moment précis de l'histoire.

Exemple d'une carte historique avec données statiques

La colonisation du Québec de la fin du 19ᵉ siècle au milieu du 20ᵉ siècle

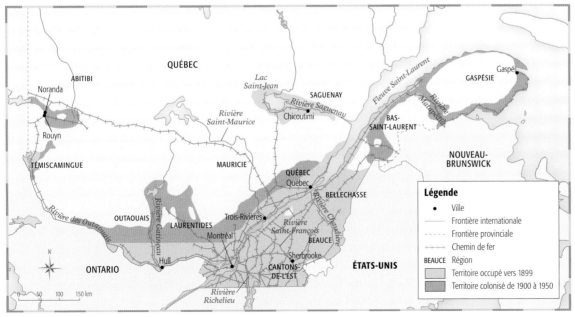

Source : ERPI, *Repères, manuel 2ᵉ année du 2ᵉ cycle*, page 49.

Comment interpréter une carte historique ?

Une carte historique s'interprète à l'aide d'une démarche simple en quatre étapes.

Exemple d'interprétation d'une carte historique

Le découpage des empires en Amérique du Nord à la suite du traité de Paris, en 1763

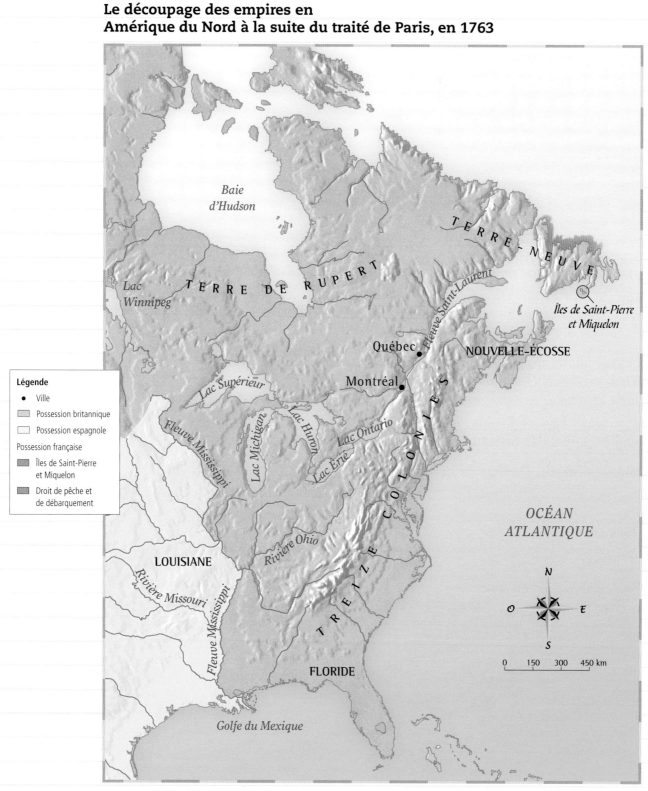

Source : ERPI, *Repères, manuel A, 1re année du 2e cycle*, page 161.

1 Lire le titre de la carte (il vous informe sur le sujet choisi et sur le territoire représenté) et vérifier la date afin de situer l'époque représentée.

Le sujet de cette carte est le découpage des empires en Amérique du Nord à la suite du traité de Paris, en 1763.

2 Étudier la légende en vue de décoder les signes et les symboles utilisés ; les repérer sur la carte. Déterminer le type de données représentées : statiques ou dynamiques. Déterminer également le type d'information traitée : politique, économique, sociale, démographique ou culturelle.

Les couleurs représentent les possessions britannique, espagnole et française. Chaque ville est représentée par un point noir sur la carte. La carte fournit des données statiques et de l'information politique ; elle définit les frontières des territoires colonisés.

3 Identifier le territoire couvert par la carte, prendre connaissance de l'échelle de la carte et de son orientation à partir de la rose des vents.

La superficie du territoire est de 12,5 millions de km² environ. Ici, la carte représente l'est des États-Unis et du Canada : de la Floride à Terre-Neuve et de la Nouvelle-Écosse jusqu'à la Louisiane.

4 Dégager l'information contenue dans la carte en se questionnant sur ce que cette carte nous apprend, les données qu'elle décrit et ce qu'elle nous aide à comprendre de l'époque représentée.

En observant la carte, je constate que les Britanniques possédaient environ les 3/4 du territoire, les Espagnols, environ 1/4, et les Français, uniquement les petites îles de Saint-Pierre et Miquelon. Cela illustre bien la domination des Britanniques en Amérique du Nord à cette époque et signifie qu'ils étaient puissants militairement.

Comment faire une carte historique ?

Pour réaliser une carte historique, vous devez suivre ces sept étapes : **1** préciser votre intention ; **2** vous documenter ; **3** représenter l'espace géographique ; **4** déterminer l'échelle ; **5** construire la légende et dessiner les éléments cartographiques ; **6** choisir un titre ; et **7** indiquer les sources de votre carte et la rose des vents.

Exemple de réalisation d'une carte historique

1 Déterminer son intention de façon très précise, puis rédiger un titre provisoire qui reflète ce qu'on veut illustrer par cette carte, le but poursuivi.

Mon intention est de démontrer que les Canadiennes n'ont pas toutes eu le droit de vote à la même époque et que leur lutte pour l'obtenir a duré plusieurs décennies. Dans un même pays, des personnes de même sexe ou de même race peuvent être victimes d'inégalités selon le lieu où elles habitent.

2 Se documenter en consultant diverses sources d'information : ouvrages trouvés en bibliothèque, manuels scolaires et Internet. Parmi les renseignements trouvés, dégager les éléments qui sont pertinents par rapport à l'intention visée. Dresser une liste ou faire un tableau.

Je veux noter les noms des provinces et l'année au cours de laquelle elles ont accordé le droit de vote aux femmes.

1916	Manitoba, Saskatchewan, Alberta
1917	Ontario, Colombie-Britannique
1918	Nouvelle-Écosse
1919	Nouveau-Brunswick, Territoire du Yukon
1922	Île-du-Prince-Édouard
1925	Terre-Neuve-et-Labrador
1940	Québec
1951	Territoires du Nord-Ouest

3 Se créer une image mentale de l'espace géographique et des éléments à représenter. Tracer à main levée un fond de carte schématique correspondant à cet espace ou chercher un fond de carte qui existe déjà (par exemple, dans votre manuel ou dans Internet).

J'ai trouvé un fond de carte dans Internet. J'aurais pu également réutiliser une carte de mon manuel d'histoire.

4 Indiquer l'échelle de la carte. Pour plus de facilité, prendre d'abord deux lieux de référence dont la distance est connue. Les placer sur la carte, puis mesurer, en centimètres, la distance entre les deux. Utiliser cette distance comme référence pour établir l'échelle. Placer ensuite tous les toponymes sur la carte en respectant cette échelle.

L'échelle de ma carte est 1,2 cm : 500 km.

5 Construire la légende. Choisir des couleurs ou des symboles appropriés, ou les deux, pour représenter les éléments. Dessiner les éléments d'information à l'aide des couleurs ou symboles choisis. La légende doit être complète : tous les signes (symboles et/ou couleurs) qui apparaissent sur la carte doivent y figurer, accompagnés de leur signification. La légende doit également être claire. Tous les signes qui se rapportent à un même type de renseignement doivent être regroupés.

6 Donner un titre à la carte en s'assurant qu'il soit le plus précis possible et qu'il éclaire les lecteurs sur l'intention visée et sur le sujet de la carte.

Titre de ma carte :
L'obtention du droit de vote des femmes au Canada (1916-1951).

7 Ajouter les sources de la carte et la rose des vents.

J'ai trouvé les données dans mon manuel d'histoire, Repères B, page 396.

L'obtention du droit de vote des femmes au Canada (1916-1951)

Légende	
	1916
	1917
	1918
	1919
	1922
	1925
	1940
	1951

Source : ERPI, Repères, manuel B, 1ʳᵉ année du 2ᵉ cycle, page 396.

À QUOI ÇA SERT ?

Un tableau sert à...

» donner de façon concise un grand nombre de renseignements ;

» établir des liens entre deux types de renseignements ou plus ;

» faciliter l'interprétation des données et les comparer ;

» rassembler des données pour construire un graphique.

Les tableaux permettent de présenter sous une forme graphique des renseignements, telles que des statistiques, des faits ou des relations entre différents éléments.

Qu'est-ce qu'un tableau ?

Un tableau présente des données sous la forme de colonnes et de lignes. Cette forme de représentation de l'information se trouve dans divers types de documents (journaux, livres, revues, sites Internet, manuels scolaires, etc.). Il existe deux sortes de tableaux : le tableau à entrée simple, qui est composé d'une seule colonne de données, et le tableau à entrées multiples, qui est composé de plus d'une colonne de données.

Exemples de tableaux à entrée simple

Le taux de chômage des régions administratives du Québec, en 2007

Région administrative	Taux de chômage
Bas-Saint-Laurent	8,9 %
Saguenay–Lac-Saint-Jean	7,9 %
Capitale-Nationale	4,9 %
Mauricie	8,6 %
Estrie	6,0 %
Montréal	8,5 %
Outaouais	4,9 %
Abitibi-Témiscamingue	7,4 %
Côte-Nord et Nord-du-Québec	9,1 %
Gaspésie–Îles-de-la-Madeleine	16,7 %
Chaudière-Appalaches	6,8 %
Laval	5,8 %
Lanaudière	7,6 %
Laurentides	5,1 %
Montérégie	6,4 %
Centre-du-Québec	6,0 %
Ensemble du Québec	7,0 %

Source : Institut de la statistique du Québec, 2007.

Les activités dans Internet de la population québécoise, en 2005, chez les 18 à 34 ans

Activité	Taux d'utilisation
Courrier électronique	94,2 %
Navigation générale	91,0 %
Bulletins météorologiques	69,3 %
Opérations bancaires électroniques	60,8 %
Nouvelles	59,6 %
Recherche de renseignements sur un gouvernement	58,9 %
Études, formation ou travaux scolaires	58,8 %
Participation à des groupes de discussion	56,6 %
Achat de musique en ligne	55,4 %
Paiement de factures	55,3 %
Recherche de renseignements médicaux ou liés à la santé	50,4 %
Préparatifs de voyage	46,4 %
Achat de logiciels en ligne	45,8 %
Jeux	45,4 %
Écoute de la radio	32,1 %
Recherche de renseignements sur des activités communautaires	31,0 %
Communication avec un gouvernement	26,5 %
Recherche de renseignements sur des investissements	15,5 %
Téléchargement ou écoute de la télévision	14,0 %
Téléchargement ou écoute d'un film	13,1 %

Source : Institut de la statistique du Québec, 2005.

Exemples de tableaux à entrées multiples

Le taux de bilinguisme (français/anglais) au Canada, en 1991, 1996 et 2001

Territoire	1991	1996	2001
Canada	16,3 %	17,0 %	17,7 %
Terre-Neuve-et-Labrador	3,3 %	3,9 %	4,1 %
Île-du-Prince-Édouard	10,1 %	11,0 %	12,0 %
Nouvelle-Écosse	8,6 %	9,3 %	10,1 %
Nouveau-Brunswick	29,5 %	32,6 %	34,2 %
Québec	35,4 %	37,8 %	40,8 %
Ontario	11,4 %	11,6 %	11,7 %
Manitoba	9,2 %	9,4 %	9,3 %
Saskatchewan	5,2 %	5,2 %	5,1 %
Alberta	6,6 %	6,7 %	6,9 %
Colombie-Britannique	6,4 %	6,7 %	7,0 %
Territoire du Yukon	9,3 %	10,5 %	10,1 %
Territoires du Nord-Ouest	—	7,7 %	8,3 %
Nunavut	—	4,1 %	3,8 %
Canada moins Québec	9,8 %	10,2 %	10,3 %

Source : Statistique Canada, *Recensement de 2001*.

La distribution de la main-d'œuvre québécoise dans le secteur tertiaire par secteurs d'activité, en 1976, 1981, 1991, 2001 et 2006

Secteur tertiaire	1976	1981	1991	2001	2006
Commerce	24,4 %	23,2 %	23,3 %	22,8 %	21,9 %
Transport et entreposage	9,2 %	8,4 %	6,5 %	6,7 %	5,8 %
Finance, assurances, immobilier et location	7,5 %	8,6 %	8,5 %	7,1 %	7,8 %
Services professionnels, scientifiques et techniques	4,0 %	4,2 %	5,7 %	7,7 %	8,4 %
Services aux entreprises, services relatifs aux bâtiments et autres services de soutien	2,4 %	2,4 %	3,0 %	4,3 %	4,9 %
Information, culture et loisirs	4,8 %	4,8 %	4,9 %	5,6 %	5,6 %
Hébergement et services de restauration	6,7 %	7,8 %	8,0 %	7,9 %	8,5 %
Services d'enseignement	11,1 %	10,0 %	8,8 %	8,6 %	9,1 %
Soins de santé et assistance sociale	12,6 %	13,6 %	14,9 %	14,6 %	15,9 %
Administrations publiques	9,6 %	9,6 %	9,7 %	8,1 %	7,5 %
Autres services	7,7 %	7,4 %	6,7 %	6,6 %	4,6 %

Source : Serge COURVILLE, *Le Québec, genèse et mutations du territoire*, Québec, Presse de l'Université Laval, 2001.

Comment interpréter un tableau ?

Une démarche simple permet de dégager l'information et de donner un sens à un tableau. Votre interprétation variera selon le contexte dans lequel vous devez interpréter un tableau ou encore selon l'information que vous y recherchez.

Exemple d'interprétation d'un tableau à entrées multiples

1 Lire le titre du tableau afin d'en dégager le sujet et l'intention des auteurs.

Le tableau présente les entreprises d'économie sociale au Québec, en 2001.

2 Lire les titres des lignes et des colonnes afin de déterminer le sens des données fournies dans le tableau et, s'il y a lieu, leur valeur selon l'unité de mesure utilisée.

Les titres indiquent que l'économie sociale est composée de différents secteurs d'activité économique qui comptent un certain nombre d'entreprises, d'emplois et qui génèrent un chiffre d'affaires.

3 Déterminer l'échelle utilisée, s'il y a lieu.

La composition des secteurs d'activité est présentée en nombre d'entreprises et d'emplois alors que le chiffre d'affaires est présenté en millions de dollars.

4 Lire chaque ligne en reliant la donnée au titre de la colonne.

Le secteur d'activité économique « Aide domestique » est composé de 110 entreprises représentant 4048 emplois et produisant un chiffre d'affaires de 65,7 millions de dollars.

Un portrait des entreprises d'économie sociale du Québec, en 2001

Secteur	Nombre d'entreprises	Nombre d'emplois	Chiffre d'affaires (en millions $)
Aide domestique	110	4 048	65,7
Culture	1 522	8 375	160,0
Médias communautaires et TIC	189	695	32,0
Centres de la petite enfance	915	22 420	797,0
Entreprises adaptées	43	3 400	117,0
Entreprises d'insertion	46	489	18,6
Forêt	83	5 916	435,1
Habitation	1 378	155	153,3
Loisir-tourisme	1 037	7 915	197,8
Périnatalité	10	61	3,2
Ressourcerie-récupération	47	732	17,2
Services funéraires	43	787	22,1
Agro-alimentaire	323	17 114	5 181,9
Scolaire	103	1 003	124,1
Services aux entreprises	107	635	10,4
Transport	48	1 341	73,2
Autres secteurs	327	3 206	158,9
Total	**6 331**	**78 292**	**7 567,5**

Source : Chantier de l'économie sociale, 2001.

INFO

65,7 millions $ = 65 700 000 $

Le secteur d'activité économique « Culture » est composé de 1522 entreprises représentant 8375 emplois et produisant un chiffre d'affaires de 160,0 millions de dollars.

Ainsi de suite pour chaque secteur d'activité économique de l'économie sociale.

5 Lorsque le tableau comporte plus d'une colonne, établir des comparaisons en faisant une lecture verticale (lecture des colonnes) et une lecture horizontale (lecture des lignes).

Le tableau permet d'établir des comparaisons entre les secteurs d'activité, le nombre d'entreprises, le nombre d'emplois et le chiffre d'affaires.

6 Vérifier si les sources des renseignements sont indiquées. Cela permet de s'assurer que les données sont bien documentées et fiables.

La source du tableau est le Chantier de l'économie sociale. Une recherche rapide dans Internet me permet de vérifier que cet organisme a pour mandat de faire la promotion de l'économie sociale, d'en faire la représentation sur le plan national et international et de soutenir le développement des projets et la concertation des différents intervenants.

7 Se poser les questions suivantes : *Que m'apprend ce tableau ? Quelles conclusions puis-je en tirer ?*

Ce tableau m'apprend que l'économie sociale compte 6331 entreprises œuvrant dans plusieurs secteurs d'activité économique, qui représentent 78 292 emplois et génèrent un chiffre d'affaires de 7567,5 millions de dollars. L'analyse du tableau me permet de comprendre que certains secteurs comptent plus d'entreprises que d'autres, mais aussi que le nombre d'emplois varie d'un secteur à l'autre. Par exemple, le secteur « Centres de la petite enfance » est composé de 915 entreprises représentant 22 420 emplois et générant un chiffre d'affaires de 797,0 millions de dollars. Comparativement, le secteur « Agro-alimentaire » est composé de 323 entreprises représentant 17 114 emplois et générant un chiffre d'affaires de 5181,9 millions de dollars. Cet exemple illustre bien que le nombre d'entreprises d'un même secteur peut être moins élevé mais représenter plus d'emplois et générer un plus gros chiffre d'affaires.

Centres de la petite enfance

$$\frac{22\ 420\ \text{emplois}}{915\ \text{entreprises}} = 24,5\ \text{emplois / entreprise}$$

Secteur agro-alimentaire

$$\frac{17\ 114\ \text{emplois}}{323\ \text{entreprises}} = 53\ \text{emplois / entreprise}$$

Comment faire un tableau à entrées multiples ?

Pour faire un tableau à entrées multiples, vous devez suivre cette démarche simple en trois étapes : ❶ recueillir l'information ; ❷ construire le tableau ; ❸ reporter les données dans le tableau.

> Exemple de réalisation d'un tableau à entrées multiples

❶ Recueillir l'information

1) Préciser le sujet du tableau ainsi que votre intention.

Sujet : La population du Québec selon la langue maternelle et la région de résidence, de 1971 à 2001.

Intention : Montrer que la population dont la langue maternelle est autre que le français et l'anglais a augmenté davantage dans la région de Montréal que dans l'ensemble du Québec, tout particulièrement sur l'île de Montréal.

2) Rassembler l'information en prenant note des données précises et en notant leurs sources.

3) Déterminer le type de données que les colonnes présenteront.

La première colonne contiendra les régions sur lesquelles le tableau fournit de l'information. La deuxième colonne traitera de la langue maternelle, soit le français, l'anglais ou toute autre langue maternelle de la population pour la période considérée. Les autres colonnes contiendront les pourcentages de la population selon la langue maternelle et la région de résidence.

4) Déterminer le type de données que les lignes contiendront.

Chaque région ou regroupement de régions pertinent figurera sur une ligne. Selon ce que je déciderai, je pourrai prévoir des lignes pour indiquer le pourcentage obtenu pour chacune des langues maternelles ainsi que pour l'ensemble de la population.

❷ Construire le tableau

1) Calculer le nombre de lignes et de colonnes nécessaires, puis les tracer.

- Prévoyez quatre colonnes : Région ; Langue maternelle ; 1971 (en %) ; 2001 (en %).

- Comme vous avez choisi d'illustrer l'ensemble du Québec, la région métropolitaine de Montréal et l'Île de Montréal, prévoyez trois lignes (sans compter celle des titres de colonnes).

2) Inscrire les titres des lignes et des colonnes. Sous le titre de chaque colonne, indiquer l'unité de mesure utilisée entre parenthèses (ou indiquer le symbole « % » si votre tableau présente des pourcentages).

■ Pour vous permettre de préciser les données relatives à la langue maternelle de la population de chaque région, il faudra prévoir quatre lignes pour chacune des régions : Français ; Anglais ; Autre langue maternelle ; Total.

Région	*Langue maternelle*	*1971 (en %)*	*2001 (en %)*
Ensemble du Québec	Français		
	Anglais		
	Autre		
	Total		
Région métropolitaine de Montréal	Français		
	Anglais		
	Autre		
	Total		
Île de Montréal	Français		
	Anglais		
	Autre		
	Total		

❸ Reporter les données dans le tableau

1) Inscrire les données dans le tableau en s'assurant que toutes les données figurent dans les bonnes cases et qu'elles sont exprimées dans l'unité de mesure appropriée. S'il s'agit de proportions, les données doivent être exprimées sous la forme de pourcentages ou être accompagnées du symbole « % » avec un espacement entre le nombre et le symbole.

2) Donner un titre précis au tableau sans oublier d'indiquer les années couvertes par les données qui y sont présentées.

3) Ajouter la source des données, au bas du tableau.

INFO

L'unité de mesure utilisée est indiquée sous le titre de chaque colonne. Les données ne sont habituellement pas accompagnées de cette unité de mesure dans les cases du tableau afin d'en faciliter la lecture.

ATTENTION !

La source d'un document est un renseignement très important dans tout document. Elle permet de retracer l'information, de savoir qui l'a produite et éventuellement de la mettre à jour. Il y a une façon très précise de noter une source :
• le nom de l'auteur ou de l'organisme ;
• la provenance des informations (titre du document, nom du site Internet) ;
• la date de référence des informations (la référence des données et de la publication) ;
• les pages consultées.

Exemple de tableau terminé : données, titre et source

L'évolution de la population du Québec selon la langue maternelle, de 1971 à 2001

Région	Langue maternelle	1971 (en %)	2001 (en %)
Ensemble du Québec	Français	80,7	81,4
	Anglais	13,1	8,3
	Autre	6,2	10,3
	Total	6 028 000	7 126 000
Région métropolitaine de Montréal	Français	66,3	68,1
	Anglais	21,7	12,8
	Autre	12	19,1
	Total	2 743 000	3 381 000
Île de Montréal	Français	61,2	53,2
	Anglais	23,7	17,7
	Autre	15,1	29,1
	Total	1 959 000	1 783 000

Source : Secrétariat à la politique linguistique, gouvernement du Québec, 2002.

À QUOI ÇA SERT ❓

Un diagramme sert à...

» représenter visuellement une relation entre des données (diagramme à bandes);

» représenter les proportions de différentes données (diagramme circulaire);

» illustrer des données en évolution (diagramme à ligne brisée);

» faciliter la représentation, la comparaison et l'interprétation de données (diagramme à pictogrammes);

» représenter des valeurs continues (histogramme).

Qu'est-ce qu'un diagramme ?

Un diagramme est une représentation graphique d'un ensemble de données, très souvent numériques ou statistiques. Il y a différents types de diagrammes, mais vous êtes plus susceptible d'utiliser le diagramme à bandes, le diagramme à ligne brisée, le diagramme circulaire, le diagramme à pictogrammes et l'histogramme.

Le diagramme à bandes

Le diagramme à bandes permet d'établir une comparaison rapide entre des données qualitatives (qualités d'une information) ou des données quantitatives (valeurs statistiques d'une information). La hauteur et la largeur d'une bande indiquent la valeur de la donnée représentée : plus une bande est haute (bande verticale) ou longue (bande horizontale), plus la valeur de la donnée qu'elle représente est grande.

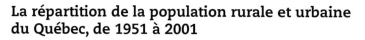

Exemple d'un diagramme à bandes

La répartition de la population rurale et urbaine du Québec, de 1951 à 2001

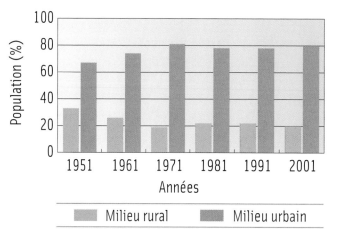

Source : Statistique Canada, 2001.

INFO

On écrit la valeur exacte en haut de chaque bande si l'échelle utilisée n'offre pas une grande précision et qu'on juge important de fournir des données précises.

Le diagramme circulaire

Le diagramme circulaire a la forme d'un cercle. Il sert à représenter les parties d'un tout exprimées en fractions (par exemple ¹/₄) ou en pourcentages (par exemple 25 %). Comme une portion de cercle offre un très bon aperçu de la valeur exprimée graphiquement, le diagramme circulaire permet de faire une comparaison rapide entre des données. Chaque portion de cercle est appelée « secteur » et a une dimension proportionnelle à la valeur représentée.

Exemple d'un diagramme circulaire

Les dépenses moyennes des ménages québécois pour les biens et les services, en 2005

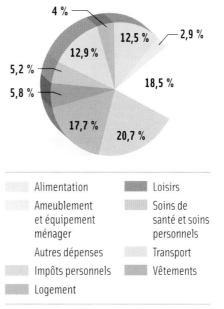

Alimentation   Loisirs

Ameublement et équipement ménager   Soins de santé et soins personnels

Autres dépenses   Transport

Impôts personnels   Vêtements

Logement

Source : Statistique Canada, *Enquête sur les dépenses des ménages*, 2005.

Le diagramme à ligne brisée

Le diagramme à ligne brisée est formé de points successifs qui représentent les différentes valeurs d'une variable (les données) et qui sont reliés entre eux par des segments de droite.

Ce type de diagramme permet d'illustrer un phénomène continu variant dans le temps ou en fonction d'un autre phénomène, par exemple, l'évolution du taux de chômage à travers les années ou l'évolution du taux de chômage en relation avec le revenu des salariés ou leur niveau d'instruction, etc.

ATTENTION !

Dans un diagramme à ligne brisée, les variables *x* et *y* représentent des valeurs observées. Quant à la droite qui relie les points, elle représente une tendance. Entre deux points illustrés, il peut y avoir une variation qui n'est pas représentée dans le graphique.

Exemple d'un diagramme à ligne brisée

Le revenu annuel moyen par habitant au Québec et dans le reste du Canada, de 1988 à 2008

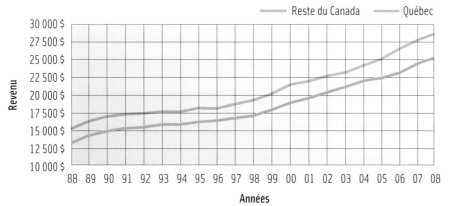

Source : Institut de la statistique du Québec – Secrétariat aux affaires intergouvernementales canadiennes, *Tableau statistique canadien,* octobre 2007.

Le diagramme à pictogrammes

Le diagramme à pictogrammes représente un ensemble de données (distribution) statistiques qualitatives ou quantitatives à l'aide de pictogrammes, c'est-à-dire de dessins, de symboles ou de toute autre image choisie pour illustrer le sujet traité. Ces pictogrammes servent à établir une comparaison entre différents éléments par rapport à une caractéristique commune. On les utilise en remplacement des bandes ou des segments de droite.

Ce genre de diagramme permet de présenter des données sous une forme différente, qui facilite leur interprétation en faisant visuellement référence au sujet traité.

Par exemple, pour parler de la taille de trois personnes, on peut utiliser un pictogramme illustrant un être humain et lui donner une grandeur différente selon la mesure observée. On pourrait aussi illustrer la valeur économique comparée de régions par un symbole de dollar ($) et représenter les données par un nombre déterminé de « $ » selon l'information disponible.

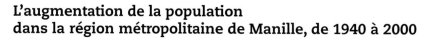
Exemple d'un diagramme à pictogrammes

**L'augmentation de la population
dans la région métropolitaine de Manille, de 1940 à 2000**

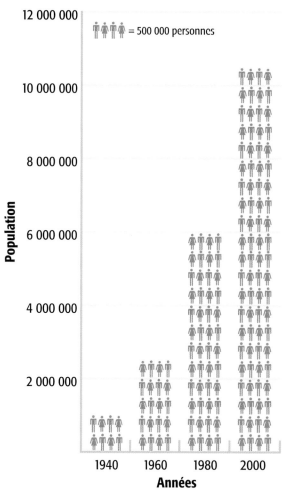

Source : D'après la revue *Disasters*, vol. 27, n° 3, données provenant du Bureau de la défense civile de Quezon City.

L'histogramme

L'histogramme sert à représenter des données continues, c'est-à-dire des données entières ou réelles (ex.: l'âge, le revenu moyen, la population, etc.) regroupées par classes correspondant à des intervalles précis (ex.: des groupes d'âge, des niveaux de salaire ou de population, etc.), à l'aide de bandes verticales juxtaposées (qui se touchent). Il n'y a pas de blanc entre les bandes d'un histogramme, car il n'y a aucune discontinuité entre les variables.

Exemple d'un histogramme

La proportion d'adultes utilisateurs d'Internet, selon les groupes d'âge, au Canada, en 2005

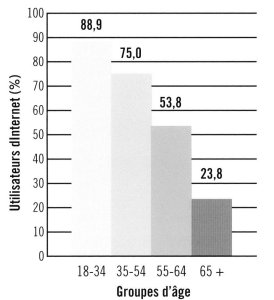

Source : Statistique Canada, *Enquête canadienne sur l'utilisation d'Internet,* 2005 [en ligne]. (Consulté le 13 janvier 2008.)

Comment interpréter un diagramme ?

L'interprétation d'un diagramme consiste à déterminer et à analyser l'information qu'il représente. La démarche à appliquer peut varier selon le type de diagramme que vous devez interpréter.

L'interprétation d'un diagramme à bandes

> Exemple d'interprétation d'un diagramme à bandes

INFO

Un diagramme à bandes horizontales se lit comme un diagramme à bandes verticales, excepté que les valeurs des données sont représentées horizontalement, ce qui signifie que plus une bande est longue, plus sa valeur est élevée.

❶ Lire le titre du diagramme afin d'en dégager le sujet et l'intention.

Le diagramme représente la population européenne aux 16ᵉ et 17ᵉ siècles.

❷ Repérer les titres des axes et les unités de mesure utilisées.

Le titre de l'axe vertical est « Population (millions d'habitants) » et celui de l'axe horizontal est « Pays ». L'unité de mesure utilisée sur l'axe vertical est le million (d'habitants).

❸ Lire la légende.

La légende indique que les bandes orange représentent les données sur la population vers 1500, et les bandes jaunes, sur la population vers 1600.

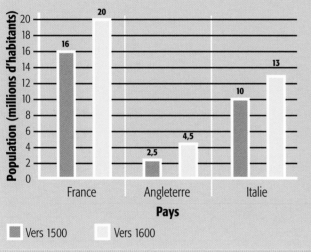

La population européenne à la Renaissance

Population (millions d'habitants) — France : 16 (Vers 1500), 20 (Vers 1600) ; Angleterre : 2,5 (Vers 1500), 4,5 (Vers 1600) ; Italie : 10 (Vers 1500), 13 (Vers 1600).

Pays

■ Vers 1500   □ Vers 1600

❹ Évaluer l'ordre de grandeur des données en fonction de l'échelle de graduation de l'axe vertical.

L'échelle de graduation de l'axe vertical est de 2 millions d'habitants.

❺ Déterminer la valeur de chaque donnée à partir de la hauteur de chaque bande.

Vers 1500, la France comptait 16 millions d'habitants, l'Angleterre, 2,5 millions d'habitants et l'Italie, 10 millions d'habitants. Vers 1600, leur population respective était de 20 millions d'habitants, de 4,5 millions d'habitants et de 13 millions d'habitants.

❻ Vérifier si la source des données est indiquée.

Ici, aucune source n'est citée.

❼ Après avoir lu le diagramme, en dégager l'idée principale ou les idées importantes.

En France, en Angleterre et en Italie, la population a considérablement augmenté entre 1500 et 1600.

L'interprétation d'un diagramme circulaire

❶ Lire le titre du diagramme afin d'en dégager le sujet et l'intention.

Le diagramme représente le pourcentage de main-d'œuvre dans chaque secteur d'activité économique au Canada, en 1911.

❷ Lire la légende, s'il y a lieu.

Le diagramme est accompagné d'une légende qui indique ce que chaque secteur représente selon sa couleur.

❸ Observer les rapports de grandeur entre les données représentées.

En 1911, 35 % de la main-d'œuvre canadienne était employée dans le secteur tertiaire, 33,5 % travaillait dans le secteur primaire et 31,5 %, dans le secteur secondaire.

❹ Vérifier si la source des données est indiquée.

Source : Bureau fédéral de la statistique, Cinquième recensement du Canada, 1911 : Répartition de la main-d'œuvre, volume VI, Ottawa.

❺ Après avoir lu le diagramme, en dégager l'idée principale ou les idées importantes.

La variation entre chaque secteur est assez faible. En 1911, la main-d'œuvre canadienne était donc répartie à peu près également dans les trois secteurs de l'économie.

Titre du diagramme   *Légende*

La proportion de la main-d'œuvre dans chaque secteur d'activité économique au Canada, en 1911

35 %   33,5 %   31,5 %

- Secteur primaire
- Secteur secondaire
- Secteur tertiaire

Source : Bureau fédéral de la statistique, *Cinquième recensement du Canada, 1911 : Répartition de la main-d'œuvre*, volume VI, Ottawa.

Source

L'interprétation d'un diagramme à ligne brisée

Exemple d'interprétation d'un diagramme à ligne brisée

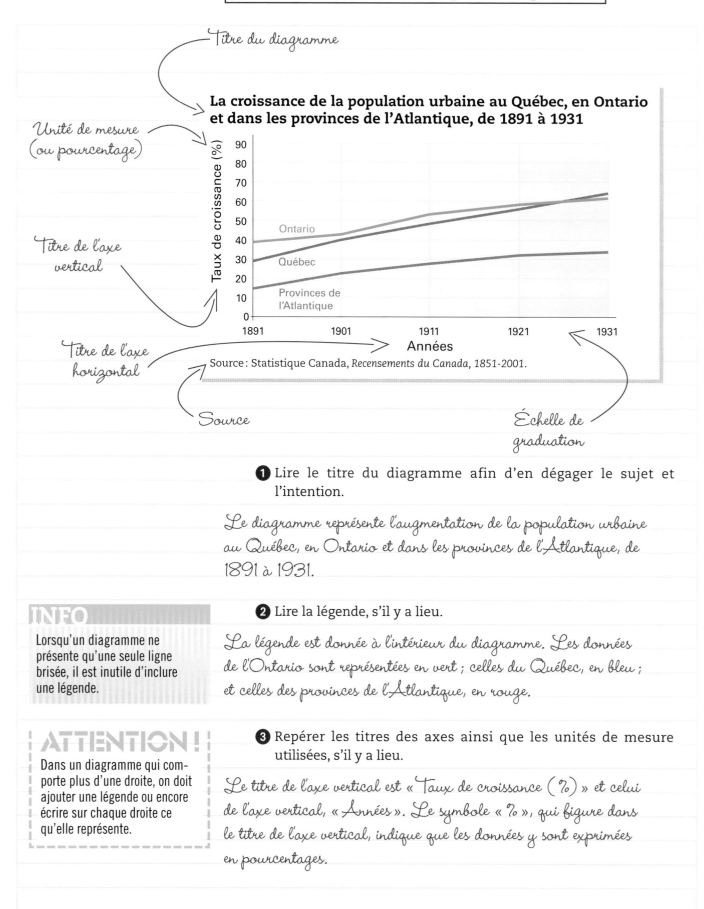

Titre du diagramme

Unité de mesure
(ou pourcentage)

Titre de l'axe
vertical

Titre de l'axe
horizontal

Source

Échelle de
graduation

La croissance de la population urbaine au Québec, en Ontario et dans les provinces de l'Atlantique, de 1891 à 1931

Taux de croissance (%)

Ontario
Québec
Provinces de
l'Atlantique

Années

Source : Statistique Canada, *Recensements du Canada, 1851-2001.*

❶ Lire le titre du diagramme afin d'en dégager le sujet et l'intention.

Le diagramme représente l'augmentation de la population urbaine au Québec, en Ontario et dans les provinces de l'Atlantique, de 1891 à 1931.

INFO

Lorsqu'un diagramme ne présente qu'une seule ligne brisée, il est inutile d'inclure une légende.

❷ Lire la légende, s'il y a lieu.

La légende est donnée à l'intérieur du diagramme. Les données de l'Ontario sont représentées en vert ; celles du Québec, en bleu ; et celles des provinces de l'Atlantique, en rouge.

ATTENTION !

Dans un diagramme qui comporte plus d'une droite, on doit ajouter une légende ou encore écrire sur chaque droite ce qu'elle représente.

❸ Repérer les titres des axes ainsi que les unités de mesure utilisées, s'il y a lieu.

Le titre de l'axe vertical est « Taux de croissance (%) » et celui de l'axe vertical, « Années ». Le symbole « % », qui figure dans le titre de l'axe vertical, indique que les données y sont exprimées en pourcentages.

4 Évaluer l'ordre de grandeur des données en fonction de l'échelle de graduation de l'axe vertical.

L'échelle de graduation de l'axe vertical est de 10 %.

5 Lire chaque donnée à partir des points représentant les couples de valeurs formés des abscisses (coordonnées de l'axe horizontal) et des ordonnées (coordonnées de l'axe vertical). Si une donnée n'est pas fournie, la déduire sur le graphique à partir du point de rencontre des deux axes correspondant à sa valeur.

Ainsi, on peut lire qu'en 40 ans, la population urbaine du Québec a augmenté de plus de 30 %, passant de 29 % en 1891 à plus de 64 % en 1931. La population urbaine de l'Ontario a connu une progression moins marquée que celle du Québec.
Aussi, le diagramme nous indique qu'en 1891, le pourcentage de la population urbaine était plus important en Ontario qu'au Québec alors qu'en 1931, cette proportion était plus élevée au Québec qu'en Ontario.

6 Vérifier si la source des données est indiquée.

Source : Statistique Canada, Recensements du Canada, 1851-2001.

7 Après avoir lu le diagramme, en dégager l'idée principale ou les idées importantes.

En Ontario, au Québec et dans les provinces de l'Atlantique, la population urbaine a augmenté de façon presque régulière de 1891 à 1931. C'est principalement en Ontario, puis au Québec, vers la fin de la période, que cette augmentation a été la plus forte.

L'interprétation d'un histogramme

Exemple d'interprétation d'un histogramme

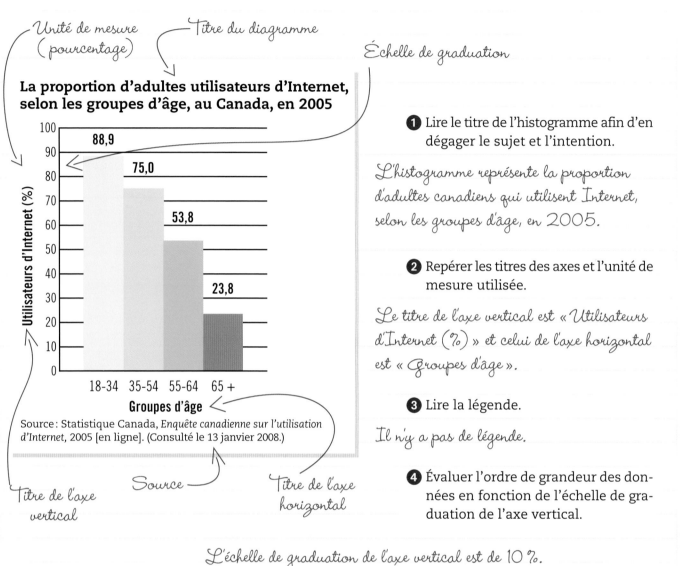

Unité de mesure (pourcentage)

Titre du diagramme

Échelle de graduation

La proportion d'adultes utilisateurs d'Internet, selon les groupes d'âge, au Canada, en 2005

Utilisateurs d'Internet (%)

88,9
75,0
53,8
23,8

18-34   35-54   55-64   65 +

Groupes d'âge

Source: Statistique Canada, *Enquête canadienne sur l'utilisation d'Internet*, 2005 [en ligne]. (Consulté le 13 janvier 2008.)

Titre de l'axe vertical

Source

Titre de l'axe horizontal

❶ Lire le titre de l'histogramme afin d'en dégager le sujet et l'intention.

L'histogramme représente la proportion d'adultes canadiens qui utilisent Internet, selon les groupes d'âge, en 2005.

❷ Repérer les titres des axes et l'unité de mesure utilisée.

Le titre de l'axe vertical est « Utilisateurs d'Internet (%) » et celui de l'axe horizontal est « Groupes d'âge ».

❸ Lire la légende.

Il n'y a pas de légende.

❹ Évaluer l'ordre de grandeur des données en fonction de l'échelle de graduation de l'axe vertical.

L'échelle de graduation de l'axe vertical est de 10 %.

❺ Lire chaque donnée à partir de la hauteur de chaque bande.

Les pourcentages d'utilisateurs d'Internet varient selon les groupes d'âge.

❻ Vérifier si la source des données est indiquée.

La source des données est Statistique Canada et les données sont tirées de l'Enquête canadienne sur l'utilisation d'Internet de 2005.

❼ Après avoir lu le diagramme, en dégager l'idée principale ou les idées importantes.

L'utilisation d'Internet est plus fréquente chez les jeunes que chez les personnes plus âgées. Plus la population vieillit et plus l'utilisation d'Internet diminue.

Comment faire un diagramme ?

La construction d'un diagramme se fait en deux grandes étapes et ce, peu importe le type de diagramme que vous devez faire. Ainsi, vous devez : ❶ recueillir l'information appropriée et, ensuite ; ❷ procéder à la construction de votre diagramme selon le sujet traité et le but visé. À l'étape de la réalisation, vous pourrez trouver des distinctions dans la façon de faire selon le type de diagramme.

La réalisation d'un diagramme à bandes verticales

Exemple de réalisation d'un diagramme à bandes verticales

❶ Recueillir l'information

1) Préciser le sujet de votre diagramme et votre intention.

Sujet : L'évolution de la population canadienne de 1956 à 2006.
Intention : Montrer que le nombre de personnes âgées de 80 ans et plus a augmenté continuellement au cours de cette période.

2) Rassembler l'information dans un tableau : relever des données précises en notant bien leur source.

Échelle de graduation : 10 ans.

Tableau de données

Années	Nombre de personnes
1956	182 000
1966	280 000
1976	385 000
1986	537 000
1996	932 000
2006	1 167 000

Source : Statistique Canada, Recensement de 2006 : Portrait de la population canadienne [en ligne]. (Consulté le 19 décembre 2007.)

3) Déterminer le type de données représentées par chaque axe.

Axe vertical : Nombre de personnes (milliers).
Axe horizontal : Années.

INFO

Si vous avez plusieurs données à représenter, généralement plus de neuf ou dix, il est préférable de recourir à un diagramme à ligne brisée, car les données seront plus lisibles que dans un diagramme à bandes.

② Construire votre diagramme

1) Sur une feuille de papier quadrillé, tracer l'axe vertical et l'axe horizontal du diagramme, leur donner un titre et indiquer entre parenthèses les unités de mesure utilisées, s'il y a lieu.

Nombre de personnes (milliers)

Années

2) Déterminer l'échelle de graduation de l'axe vertical. Pour ce faire, arrondir les valeurs de vos données, estimer le nombre de gradations requises, puis diviser la valeur la plus élevée des données par ce nombre.

La donnée la plus basse sera arrondie à 200 000 et la plus élevée, à 1 200 000. En estimant qu'il faudra 6 gradations sur l'axe vertical, je calcule que l'échelle de graduation de cet axe sera de 200 000 personnes (1 200 000 ÷ 6 = 200 000).

INFO

Comme l'unité de mesure utilisée ici est le millier de personnes, le nombre 1000 équivaut à 1000 milliers de personnes, soit un million de personnes.

3) Déterminer le nombre de bandes nécessaires sur l'axe horizontal : il s'agit du nombre de données à représenter. À l'aide de traits, diviser l'axe en autant de segments égaux. Inscrire les étiquettes des bandes sous ces segments.

Puisque j'ai recueilli des données sur six années, je dois diviser l'axe horizontal en six segments égaux.

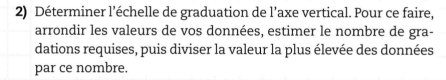

1200
1000
800
600
400
200
0

Nombre de personnes (milliers)

1956 1966 1976 1986 1996 2006

Années

4) À l'aide d'une règle, tracer chaque bande en la centrant à l'intérieur de chaque segment délimité le long de l'axe horizontal. Tracer d'abord la hauteur de la bande, puis tracer ses côtés.

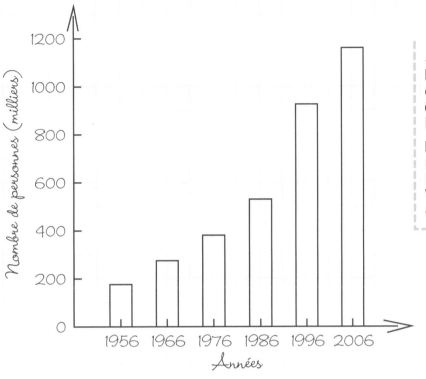

> **ATTENTION !**
>
> La largeur des bandes n'a pas d'importance, mais elle doit être la même pour toutes les bandes.
>
> Ne prenez des couleurs différentes que si vos données ont une signification différente. Vous devrez fournir une légende dans un tel cas.

5) Donner un titre précis au diagramme en indiquant l'année ou les années qu'il couvre. Ajouter la source des données sous le diagramme.

6) Vérifier que rien n'a été oublié, que tout est parfaitement lisible et que chaque bande a été tracée conformément à la valeur qu'elle représente.

> **INFO**
>
> Un titre précis exprime clairement le rapport établi entre les variables. Généralement, on nomme en premier la variable représentée sur l'axe vertical.

Le nombre de personnes âgées de 80 ans et plus au Canada, de 1956 à 2006

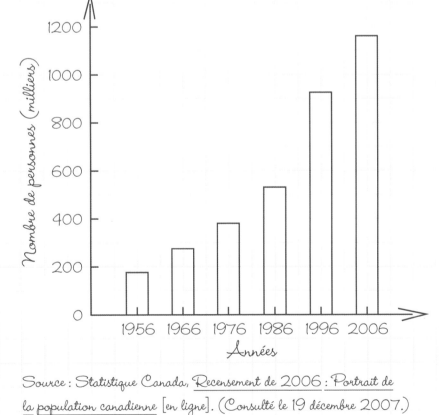

Source : Statistique Canada, Recensement de 2006 : Portrait de la population canadienne [en ligne]. (Consulté le 19 décembre 2007.)

La réalisation d'un diagramme circulaire

Exemple de réalisation d'un diagramme circulaire

❶ Recueillir l'information

1) Préciser le sujet du diagramme et l'intention visée.

Sujet : La population autochtone du Canada, en 2006.

Intention : Montrer la composition de la population autochtone selon divers groupes d'âge.

INFO

Pour trouver le pourcentage :

$$\frac{\text{nombre de personnes}}{\text{population totale}} \times 100.$$

Pour la construction de votre diagramme circulaire, vérifiez que le total des pourcentages est égal à 100.

2) Rassembler les données dans un tableau. Dans la dernière colonne, exprimer les données sous la forme de pourcentages en s'assurant que le total des données est bien égal à 100. Ne pas oublier de noter la source des données.

Tableau de données

Groupe d'âge	Population autochtone	Proportion de la population autochtone totale (en %)
0 à 9 ans	286 500	22*
10 à 19 ans	278 176	21
20 à 59 ans	674 334	51
60 ans et plus	80 880	6
Total	1 319 890	100

*Le pourcentage exact est de 21,7 %. Les nombres ont été arrondis vers le haut et à l'entier le plus près.

Source : Statistique Canada, Recensement de 2001 [en ligne]. (Consulté le 11 avril 2008.)

INFO

Au-delà de cinq ou six données, utilisez un autre type de diagramme que le diagramme circulaire. Lorsqu'il comporte trop de secteurs, il perd de son efficacité.

3) Calculer les mesures des angles à tracer : multiplier chaque pourcentage inscrit dans votre tableau par 360 (étant donné que les secteurs d'un cercle se partagent un angle au centre de 360°).

La première donnée est 22 %. Comme elle constitue 22 % du total, elle sera représentée par un secteur ayant un angle au centre de 79°.

$$\left(\frac{22}{100} \times 360 = 79{,}2\right)$$

❷ Construire votre diagramme

1) Tracer un point sur une feuille. À l'aide d'un compas, tracer un cercle autour de ce point. Dessiner le cercle suffisamment grand pour pouvoir y inscrire des données.

2) À l'aide d'un rapporteur d'angles, et en partant du centre du cercle, tracer les angles dont vous avez calculé les mesures.

3) Colorer chaque secteur du cercle d'une couleur différente (de préférence une couleur pâle pour pouvoir y lire l'information présentée) et y inscrire le pourcentage correspondant. S'il n'y a pas suffisamment de place dans un secteur, inscrire le pourcentage à l'extérieur et le relier au secteur par un trait.

4) Dresser la légende du diagramme. Il faut être précis sur la signification attribuée à chaque couleur.

☐ 0 à 9 ans

☐ 10 à 19 ans

☐ 20 à 59 ans

☐ 60 ans et plus

5) Donner un titre précis en indiquant l'année ou les années couvertes par le diagramme. Ajouter la source des données sous le diagramme.

6) Vérifier que tous les éléments sont présents, que chaque angle a été tracé correctement et que tout est parfaitement lisible.

La répartition de la population autochtone du Canada, selon les groupes d'âge, en 2001

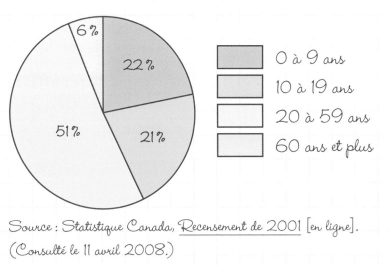

Source : Statistique Canada, Recensement de 2001 [en ligne]. (Consulté le 11 avril 2008.)

La réalisation d'un diagramme à ligne brisée

Exemple de réalisation d'un diagramme à ligne brisée

❶ Recueillir l'information

1) Préciser le sujet du diagramme et l'intention visée.

Sujet : La production d'énergie renouvelable au Canada, au début du 21ᵉ siècle.

Intention : Montrer la croissance de la production d'énergie éolienne et d'énergie marémotrice au cours des premières années de cette production.

2) Rassembler les données dans un tableau : relever des données précises ainsi que leurs sources.

Tableau de données

Années	Électricité éolienne et marémotrice (en MW/h)
2000	263 820
2001	365 559
2002	434 798
2003	704 071
2004	971 873

Source : Statistique Canada, Aperçu 2007, Énergie [en ligne]. (Consulté le 14 avril 2008.)

3) Déterminer le type d'information représenté par chaque axe.

Axe vertical : Production d'électricité éolienne et marémotrice, en mégawattheures.
Axe horizontal : Années, de 2000 à 2004.

❷ Construire votre diagramme

1) Sur une feuille de papier quadrillé, tracer l'axe vertical et l'axe horizontal du diagramme, puis leur donner un titre. Indiquer entre parenthèses les unités de mesure utilisées, s'il y a lieu.

Électricité éolienne et marémotrice (MW/h)

Années

2) Déterminer l'échelle de graduation de l'axe vertical. Pour ce faire, arrondir les valeurs des données, estimer le nombre de gradations requises, puis diviser la valeur la plus élevée des données par ce nombre.

La donnée la plus basse sera arrondie à 200 000.
La donnée la plus élevée sera arrondie à 1 000 000.
En estimant qu'il faudra 5 gradations sur l'axe vertical, je calcule que l'échelle de graduation de cet axe sera de 200 000 MW/h (1 000 000 ÷ 5 = 200 000).

3) Déterminer le nombre de données à représenter sur l'axe horizontal, puis répartir ces données de façon égale le long de l'axe.

4) À partir des données de votre tableau, tracer les points correspondant aux couples de valeurs ainsi formés (les points de rencontre de l'axe vertical et de l'axe horizontal), puis relier les points de façon à former une droite.

5) Donner au diagramme un titre précis en indiquant l'année ou les années qu'il couvre. Ajouter la source des données sous le diagramme.

6) Vérifier que tous les éléments sont présents, que tout est parfaitement lisible et que chaque point a été tracé à la position appropriée, conformément au couple de valeurs qu'il représente.

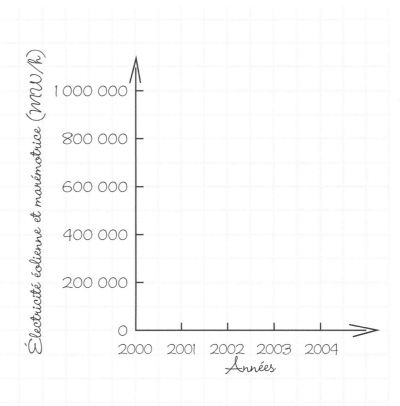

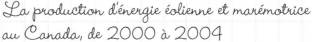

La production d'énergie éolienne et marémotrice au Canada, de 2000 à 2004

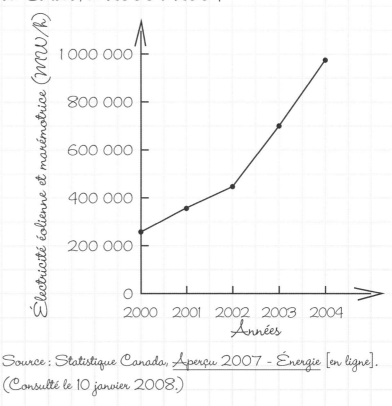

Source : Statistique Canada, Aperçu 2007 - Énergie [en ligne].
(Consulté le 10 janvier 2008.)

La réalisation d'un histogramme

Pour faire un histogramme, vous devez procéder de la même façon que pour un diagramme à bandes verticales **(La réalisation d'un diagramme à bandes verticales, page 53)**, en tenant compte cependant des particularités suivantes :

1 À l'étape du tableau de données

Regrouper les valeurs de la variable qui sera représentée sur l'axe horizontal en classes consécutives. Si ce n'est pas possible, utiliser un diagramme à bandes verticales plutôt qu'un histogramme.

2 Au sujet de l'axe horizontal

1) Laisser un blanc de quelques millimètres au début de l'axe horizontal, puis diviser l'axe en autant de segments égaux que vous avez de données à représenter. Laisser également un blanc de quelques millimètres à l'autre extrémité de l'axe.

2) Tracer les bandes verticales en partant des traits qui délimitent les segments, de sorte qu'il n'y ait pas de blanc entre les bandes.

3) Inscrire les classes correspondantes sous les bandes.

INFO

Lorsque la variable aléatoire (qui dépend du hasard) est discrète (qui ne peut prendre qu'une seule valeur), mais comporte un nombre assez élevé de modalités (valeurs à représenter), on insère un blanc entre les bandes de l'histogramme pour en faciliter la lecture.

ATTENTION !

N'oubliez pas : toutes les bandes doivent être de la même largeur.

Qu'est-ce qu'un climatogramme ?

Un climatogramme est un type particulier de diagramme, qu'on appelle aussi « diagramme ombrothermique ». Il est composé, d'une part, d'un diagramme à bandes qui représente les **précipitations mensuelles** d'une région et, d'autre part, d'un diagramme à ligne brisée qui donne les **températures mensuelles moyennes** de cette même région.

Le climatogramme a la particularité de comporter deux axes verticaux : l'un pour les températures (en rouge) et l'autre pour les précipitations (en bleu).

INFO

Une précipitation se définit comme l'eau contenue dans l'atmosphère qui tombe à la surface du sol, sous forme de pluie, de grêle ou de neige.

Exemples de climatogrammes

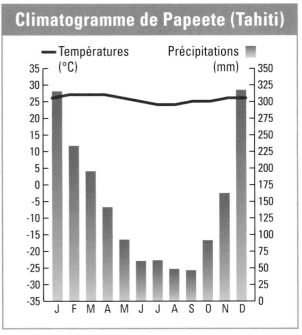

Source : MétéoMédia, 2006.

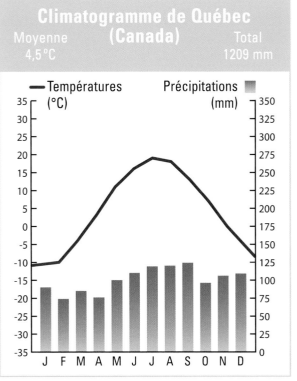

Source : MétéoMédia, 2005.

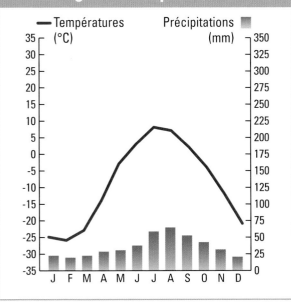

Source : MétéoMédia, 2006.

Comment interpréter un climatogramme ?

Exemple d'interprétation d'un climatogramme

INFO

L'amplitude thermique d'un lieu est l'écart entre la température moyenne maximale et la température moyenne minimale enregistrées dans ce lieu, au cours d'une année. Attention aux calculs lorsque l'une est positive et que l'autre est négative.

ATTENTION !

Les mois froids sont les mois où la température moyenne est la plus basse, soit sous la barre du 0 °C. Les mois les plus froids sont ceux où la température moyenne est la plus basse dans l'année.

Les mois chauds sont les mois où la température moyenne est supérieure à 0 °C. Les mois les plus chauds sont ceux où la température moyenne est la plus élevée dans l'année.

Les mois secs sont les mois dont les bandes correspondantes restent sous la courbe des températures.

Les mois humides, inexistants au Québec, sont les mois dont les bandes correspondantes dépassent la courbe des températures.

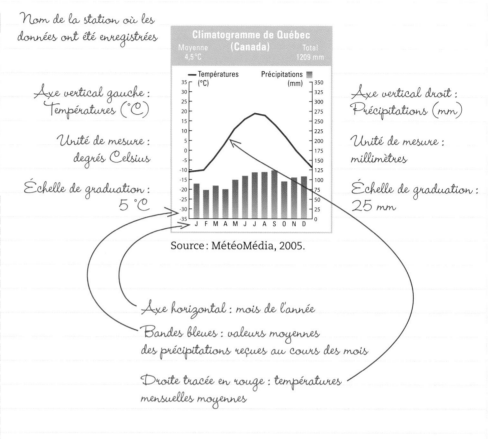

Nom de la station où les données ont été enregistrées

Axe vertical gauche : Températures (°C)

Unité de mesure : degrés Celsius

Échelle de graduation : 5 °C

Axe vertical droit : Précipitations (mm)

Unité de mesure : millimètres

Échelle de graduation : 25 mm

Source : MétéoMédia, 2005.

Axe horizontal : mois de l'année

Bandes bleues : valeurs moyennes des précipitations reçues au cours des mois

Droite tracée en rouge : températures mensuelles moyennes

❶ Relever le nom de la station météorologique où les données ont été enregistrées.

Les données ont été enregistrées à Québec.

❷ Pour trouver la température moyenne enregistrée au cours d'un mois, repérer le point de la courbe qui représente le mois, puis relever la valeur correspondante de ce point sur l'axe vertical de gauche.

À Québec, en janvier, la température moyenne est de −12 °C.

❸ Pour trouver la quantité moyenne de précipitations reçues au cours d'un mois, repérer le point de la courbe qui représente le mois, puis relever la valeur correspondante de ce point sur l'axe vertical de droite.

À Québec, en janvier, la moyenne des précipitations est de 85 mm.

❹ Un climatogramme permet de trouver l'amplitude thermique d'un lieu. Il permet aussi de décrire la température d'une région en repérant les mois froids, les mois secs et les mois humides.

L'amplitude thermique de Québec est de 30 °C (la différence entre −12 °C, enregistré en janvier, et 18 °C, enregistré en juillet).

Comment faire un climatogramme ?

Un climatogramme étant formé de la combinaison d'un diagramme à bandes et d'un diagramme à ligne brisée, référez-vous aux instructions fournies pour faire un diagramme à bandes à la section **La réalisation d'un diagramme à bandes verticales, page 53**, et aux instructions de réalisation d'un diagramme à ligne brisée données à la section **La réalisation d'un diagramme à ligne brisée, page 58**.

Voici deux conseils forts utiles :

■ Graduer l'axe vertical de droite (axe des précipitations) en partant de zéro et graduer l'axe vertical de gauche (axe des températures) de – 35 °C à 35 °C.

■ Ne pas utiliser un bleu trop foncé pour représenter les précipitations, car il se peut que la droite colorée en rouge passe à travers les bandes.

> **Exemple de réalisation d'un climatogramme**

1 Recueillir les données climatiques, soit les 12 dernières températures mensuelles moyennes enregistrées à Oujé-Bougamou, dans le nord du Québec, ainsi que les 12 quantités de précipitations mensuelles reçues au cours de la dernière année à la station météo desservant Oujé-Bougamou (les coordonnées de la station devraient indiquer l'altitude, la latitude et la longitude du site). Ensuite, calculer la température annuelle moyenne ainsi que le total des précipitations annuelles.

■ La température annuelle moyenne est égale à la somme des températures mensuelles, divisée par 12.

■ Les précipitations annuelles sont égales à la somme des précipitations.

	J	F	M	A	M	J	J	A	S	O	N	D
°C	– 17,5	– 16,2	– 8,1	0,2	9,1	14,8	16,2	15,0	9,7	5,1	– 4,1	– 15,5
mm	55	40	49	51	75	96	122	101	125	85	81	58

Température annuelle moyenne : 0,7 °C.
Précipitations annuelles : 938 mm.

2 Mettre en abscisses (axe horizontal) les 12 mois de l'année en utilisant une échelle de 1 cm par mois. Centrer l'initiale des mois sur chacun des segments de l'axe des abscisses.

J F M A M J J A S O N D

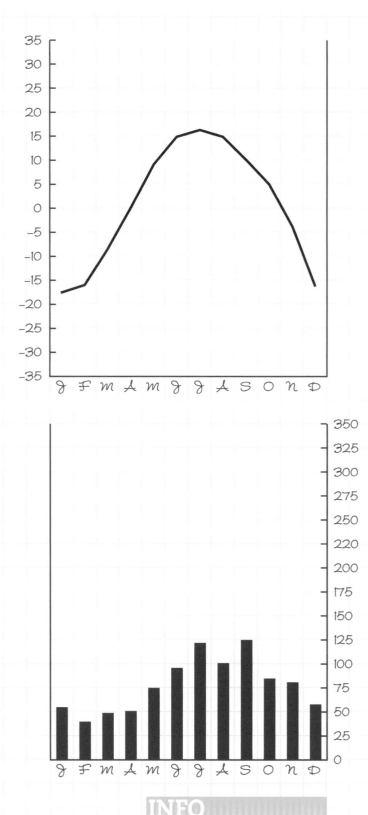

❸ Placer en ordonnées (axe vertical) sur l'axe de gauche, les températures mensuelles moyennes en utilisant une échelle de 1 cm par bond de 5 °C, graduée de – 35 (pour illustrer des températures sous zéro) à 35.

❹ Tracer les 12 points représentant les températures mensuelles moyennes et les relier par un trait ROUGE.

❺ Représenter les données sur les précipitations dans un diagramme à bandes en utilisant l'échelle de l'axe vertical de droite.

Utiliser la couleur BLEUE pour représenter les précipitations. Le contraste des couleurs contribue à améliorer la lisibilité d'un climatogramme.

❻ Combiner le diagramme à ligne brisée et le diagramme à bandes verticales, en respectant les axes et les échelles, pour obtenir votre climatogramme.

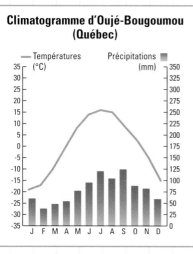

Source : Environnement Canada, 2006.

INFO

Pour faciliter la lecture de votre climatogramme, il est important que l'axe des températures soit tracé au même niveau que l'axe des précipitations et que l'échelle de l'axe de droite soit égale au moins au double de l'échelle de l'axe de gauche (dans le cas présent, elle est cinq fois plus grande).

Qu'est-ce qu'une pyramide des âges?

Une pyramide des âges est un diagramme qui sert à illustrer la répartition d'une population selon l'âge et le sexe (masculin ou féminin) des individus qui la composent.

Dans ce type de diagramme, l'axe vertical (qui représente l'âge de la population) se trouve toujours au centre de la figure.

L'axe horizontal, lui, est double et situé de part et d'autre de l'axe vertical: à gauche, il représente le nombre de personnes de sexe masculin; à droite, le nombre de personnes de sexe féminin. Dans chaque cas, les valeurs partent de l'origine (valeur «0») et vont vers l'extérieur.

> Exemple d'une pyramide des âges

La pyramide des âges de la population canadienne vivant en régions métropolitaines et non métropolitaines, en 2006

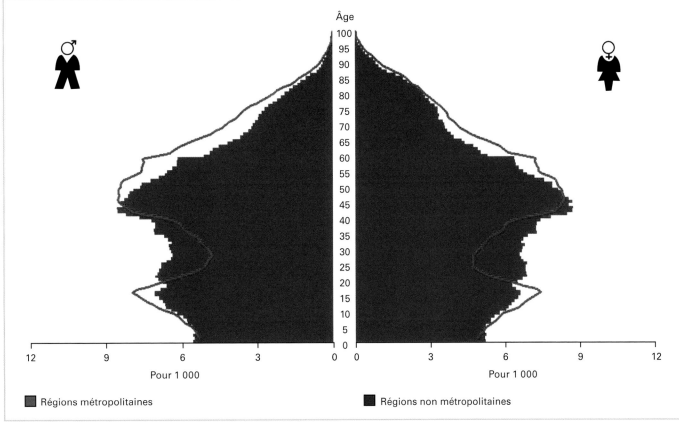

Source: Statistique Canada, 2006.

Comment interpréter une pyramide des âges?

Exemple d'interprétation d'une pyramide des âges

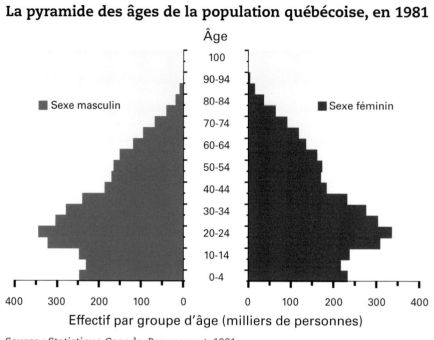

La pyramide des âges de la population québécoise, en 1981

Âge

■ Sexe masculin   ■ Sexe féminin

Effectif par groupe d'âge (milliers de personnes)

Source : Statistique Canada, *Recensement, 1981*.

1 Comme pour tout diagramme, lire d'abord le titre de la pyramide, les titres des axes, l'unité de mesure et l'échelle utilisées. Ceci vous permettra de cerner avec exactitude ce qui est représenté par la pyramide des âges que vous devez interpréter.

La lecture des éléments de ce diagramme permet de comprendre qu'il représente la distribution de la population du Québec en 1981, par groupe d'âge de cinq ans, selon le sexe des individus.

2 Lire les données, une bande à la fois, de gauche à droite.

La première bande de gauche indique qu'en 1981, il y avait au Québec 240 000 personnes de sexe masculin âgées de 0 à 4 ans. La bande de droite correspondante indique qu'il y en avait 230 000 de sexe féminin.

3 Dégager les faits généraux que révèle l'ensemble de la pyramide.

Le groupe d'âge qui comptait le plus de personnes au Québec en 1981 était celui des 20-24 ans.

Comment faire une pyramide des âges ?

Une pyramide des âges étant une application du diagramme à bandes horizontales, vous devez utiliser la technique de réalisation d'un diagramme à bandes pour faire votre pyramide des âges, illustrée à la section **La réalisation d'un diagramme à bandes verticales, page 53**. Cependant, vous devez tenir compte des particularités suivantes :

■ L'axe vertical doit figurer au centre de l'axe horizontal de votre pyramide.

■ Les âges doivent être regroupés en classes consécutives (qui se suivent) et fermées (un âge ne pouvant se retrouver dans deux groupes différents).

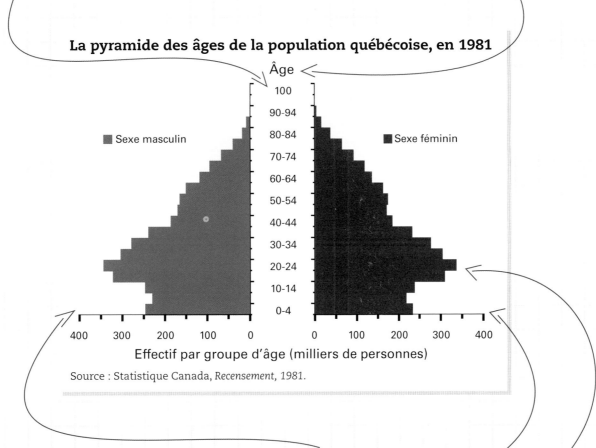

La pyramide des âges de la population québécoise, en 1981

Source : Statistique Canada, *Recensement, 1981.*

■ Les bandes représentant les données relatives au sexe masculin doivent être tracées à gauche de l'axe vertical, et les bandes représentant les données relatives au sexe féminin, à droite.

■ Il ne doit pas y avoir de blanc entre les bandes horizontales.

■ Par convention, il y a deux façons d'utiliser la couleur dans ces pyramides :

– Toutes les bandes sont colorées de la même couleur.

– Une couleur est utilisée pour les bandes représentant les hommes et une autre, pour les bandes représentant les femmes. Traditionnellement, il s'agit du bleu et du rose.

À QUOI ÇA SERT ?

Un schéma sert à...

» représenter et interpréter une réalité complexe ;

» faire ressortir les liens logiques qui expliquent cette réalité.

Un schéma est une représentation simplifiée et organisée d'une réalité complexe. L'histoire et la géographie font souvent appel à des représentations schématiques pour visualiser des concepts ou organiser l'information, afin d'expliquer une structure ou des phénomènes sociaux, économiques, etc. Les organigrammes et les schémas causes-conséquences en sont des exemples fréquemment utilisés.

Qu'est-ce qu'un organigramme ?

Un organigramme est une représentation schématique de la structure d'un ensemble et des relations observées entre les éléments de cet ensemble. Il permet de visualiser les relations hiérarchiques (relations d'autorité) qui existent entre les éléments ainsi que leurs relations fonctionnelles (liées aux activités ou aux fonctions des éléments).

En d'autres termes, l'organigramme d'un organisme, d'une entreprise ou d'un système permet de savoir qui nomme qui, qui relève de qui, qui fait quoi, etc.

Exemple d'un organigramme

Les institutions politiques du Québec en 1867

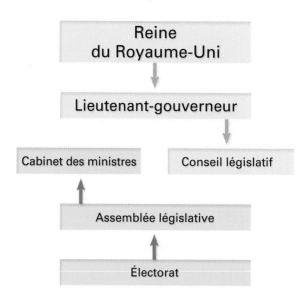

Source : ERPI, *Repères, manuel B, 1ʳᵉ année du 2ᵉ cycle,* page 316.

Comment interpréter un organigramme?

Exemple d'interprétation d'un organigramme

1 Lire le titre de l'organigramme pour en comprendre la nature (la structure traitée et le thème). Lire les autres renseignements fournis (ex.: date, légende, source, etc.).

Le titre de l'organigramme indique qu'il représente la structure des institutions politiques du Canada, en 1791.

2 Lire les éléments de l'organigramme de haut en bas; ceux qui figurent sur la même ligne horizontale se trouvent au même niveau hiérarchique.

Je constate que le Conseil exécutif et le Conseil législatif se trouvent au même niveau hiérarchique.

INFO

Certains organigrammes ont la forme d'un arbre et se lisent de gauche à droite, mais la plupart ont une forme pyramidale et se lisent de haut en bas.

3 Dégager les relations qui existent entre les éléments en vous posant les questions suivantes: *Qui dirige qui? Qui nomme qui? Quels sont les éléments (instances ou personnes) qui se trouvent au même niveau?* Si un texte accompagne l'organigramme, il est utile de le lire afin de pouvoir bien interpréter le schéma.

L'organigramme révèle que le roi de Grande-Bretagne est l'instance suprême des institutions politiques du Canada, en 1791. C'est le roi qui nomme le gouverneur général. À son tour, le gouverneur général nomme le lieutenant-gouverneur de chacun des deux Canada. Le lieutenant-gouverneur nomme le Conseil exécutif et le Conseil législatif. Les membres de la Chambre d'assemblée sont élus par l'électorat. Ils sont soumis au Conseil exécutif et au Conseil législatif.

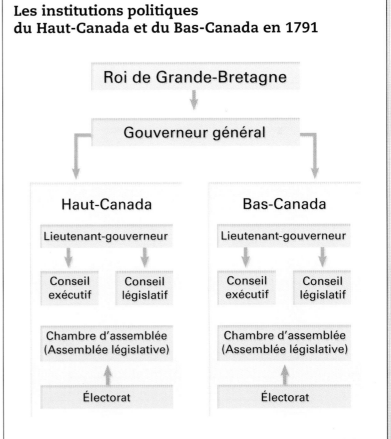

Les institutions politiques du Haut-Canada et du Bas-Canada en 1791

Conjointement avec le premier ministre du Canada, le premier ministre du Québec nomme le lieutenant-gouverneur. Le conseil législatif a été aboli en 1968.

Légende: La flèche signifie « nomme ».

Source: ERPI, *Repères*, manuel B, 1re année du 2e cycle, page 233.

Comment faire un organigramme?

Exemple de réalisation d'un organigramme

❶ Déterminer la structure à représenter : de quoi s'agit-il ?

Le processus de représentation et de pouvoir des sujets britanniques dans les colonies britanniques d'Amérique du Nord au milieu du 18ᵉ siècle.

❷ Dresser la liste des instances ou des personnes membres de la structure en question, en les regroupant logiquement selon leur niveau hiérarchique ou leur fonction.

Qui a le plus grand pouvoir de décision concernant la colonie ?
Le gouvernement britannique.
Dans la colonie, qui a le plus grand pouvoir de décision ?
Le gouverneur, qui est nommé par le roi.
Le gouverneur prend-il seul les décisions ?
Non, il est assisté par deux conseils composés de membres qu'il a lui-même nommés : le Conseil exécutif et le Conseil législatif.
Comment les propriétaires de la colonie sont-ils représentés ?
Ils forment une assemblée qui vote des lois et prélève des taxes pour l'administration de la colonie sur approbation du gouverneur.

❸ Tracer l'organigramme en commençant par le niveau le plus élevé. Mettre chaque instance ou groupe de personnes dans une case distincte. S'assurer de mettre les éléments de même niveau hiérarchique sur la même ligne et de relier les cases par des traits. Au besoin, faire une légende.

❹ Donner un titre précis à l'organigramme, en indiquant la date de la structure représentée.

Titre de mon organigramme : L'organisation politique des colonies anglaises au 18ᵉ siècle.

| Gouvernement britannique |
| Gouverneur |
| Conseil exécutif | Conseil législatif |
| Assemblée |
| Électorat masculin, propriétaire, habituellement de religion protestante |

Qu'est-ce qu'un schéma causes-conséquences ?

Un schéma causes-conséquences est une représentation graphique, qui varie selon le sujet traité, des causes et des conséquences d'un fait, d'un phénomène ou d'un événement. On peut choisir de présenter les renseignements sous la forme d'un tableau ou d'un autre type de représentation graphique permettant d'illustrer les enchaînements entre les causes et les conséquences.

Ici, la figure présente le schéma causes-conséquences d'un événement sous la forme d'un tableau.

Une cause est ce qui produit un effet, ce par quoi un événement ou une action arrive.

Une conséquence est ce qui résulte d'une action, ce qui est entraîné par un fait.

Exemple d'un schéma causes-conséquences en tableau

La sédentarisation au Néolithique	
Quelques causes possibles de la sédentarisation	Quelques conséquences de la sédentarisation
Changements climatiques	Amélioration de l'habitation
Territoires plus fertiles qu'auparavant	Augmentation de la population
Naissance de l'agriculture et de l'élevage	Division du travail et hiérarchie sociale
	Création de villages

Le schéma suivant représente à l'aide d'un enchaînement graphique des causes et des conséquences d'une crise économique : la première cause entraîne une conséquence, qui entraîne à son tour une autre conséquence, et ainsi de suite. Une conséquence peut devenir la cause d'une action qui en découle directement.

Exemple d'un schéma causes-conséquences en enchaînement graphique

Une économie en crise

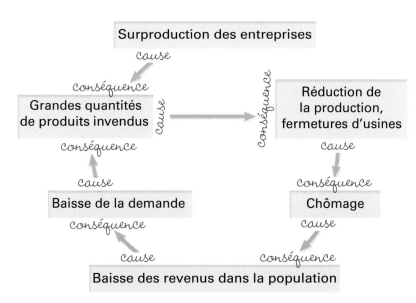

En 1929, l'économie se détériore et la crise frappe de plein fouet les pays industrialisés.

Source : ERPI, *Repères, manuel B, 1ʳᵉ année du 2ᵉ cycle,* page 373.

Comment interpréter un schéma causes-conséquences ?

Exemple d'interprétation d'un schéma causes-conséquences

1 Déterminer le sujet et le type de schéma à interpréter : est-ce un tableau ou un schéma cyclique ?

Le schéma à interpréter est de type cyclique.

Une économie en crise

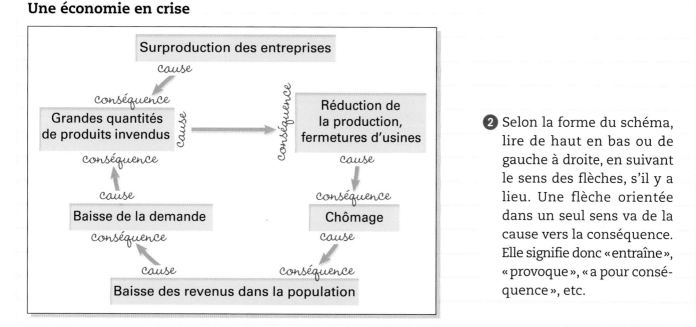

2 Selon la forme du schéma, lire de haut en bas ou de gauche à droite, en suivant le sens des flèches, s'il y a lieu. Une flèche orientée dans un seul sens va de la cause vers la conséquence. Elle signifie donc « entraîne », « provoque », « a pour conséquence », etc.

La lecture du schéma se fait à partir du haut, soit à partir de la case « Surproduction des entreprises », puisque c'est là que commence le cycle des causes et des conséquences.

En suivant l'orientation des flèches, on peut lire le schéma comme suit :
- *La surproduction des entreprises (cause) entraîne de grandes quantités de produits invendus (conséquence).*
- *Ces quantités de produits invendus (cause) entraînent une réduction de la production et, donc, des fermetures d'usines (conséquence).*
- *Les fermetures d'usines (cause) entraînent du chômage (conséquence).*
- *Le chômage (cause) entraîne une baisse des revenus dans la population (conséquence).*
- *Cette baisse des revenus (cause) entraîne une baisse de la demande (conséquence).*
- *La baisse de la demande de biens (cause) entraîne de grandes quantités de produits invendus (conséquence).*

ATTENTION !

Le texte peut faire mention d'informations ne se rapportant pas au sujet principal. Interrogez-vous :

– Ce facteur est-il à l'origine du fait ou de l'événement ?

– Est-ce un résultat du fait ou de l'événement ? Si oui, en est-il une conséquence ?

– Cet élément est-il lié au fait ou à l'événement en question ?

Comment faire un schéma causes-conséquences ?

Pour produire un schéma causes-conséquences d'un événement, à partir d'un texte, il faut procéder comme suit : ❶ lire attentivement sur le sujet ; ❷ dresser la liste des causes et des conséquences ; ❸ choisir le type de schéma à utiliser ; et ❹ tracer le schéma.

Exemple de réalisation d'un schéma causes-conséquences

❶ Lire attentivement le texte pour bien identifier le fait, le phénomène ou l'événement qui en constitue le sujet principal.

Le texte traite des changements survenus en éducation au cours de la Révolution tranquille.

❷ Surligner d'une couleur différente les causes et les conséquences ou en dresser la liste sur une feuille.

Repérer les marqueurs de relation (*donc, parce que, à cause de, étant donné que*, etc.) et les verbes qui expriment une cause ou une conséquence (*entraîne, résulte, dépend*, etc.).

L'éducation et la Révolution tranquille au Québec

L'expression « Révolution tranquille » désigne les changements importants survenus au Québec au cours des décennies 1960 et 1970. Plusieurs de ces changements concernaient le domaine de l'éducation : la prise en charge des écoles et des programmes d'enseignement par l'État, la création d'un ministère de l'Éducation, la mise sur pied des polyvalentes et des cégeps, l'accès gratuit à l'enseignement. Mais qu'est-ce qui explique ces changements ?

Une cause souvent mentionnée par les historiens est le besoin de main-d'œuvre spécialisée qui nécessite la formation de travailleurs scolarisés et spécialisés. Le rapport Parent a aussi démontré la nécessité de moderniser le système d'éducation québécois.

Les effets de ces changements furent nombreux et majeurs. Le nombre de personnes instruites augmenta rapidement au Québec. Les gens provenant de toutes les couches sociales eurent accès à des emplois plus diversifiés et mieux payés. Le nombre de filles augmenta dans les écoles et les établissements d'enseignement supérieur.

J'encercle les mots exprimant une cause ou une conséquence des changements survenus en éducation.
Je surligne les causes en rose, les conséquences en bleu.

❸ Déterminer le type de schéma qui conviendrait le mieux aux causes et aux conséquences relevées : un tableau ou un schéma cyclique ?

❹ Tracer le schéma en résumant chaque cause et chaque conséquence avec précision, et en utilisant des flèches de façon appropriée, s'il y a lieu.

Le schéma le plus approprié est un tableau. Je le construis en utilisant des mots précis.

Les changements survenus sur le plan de l'éducation au cours de la Révolution tranquille	
Causes des changements	Conséquences des changements
Besoin de main-d'œuvre spécialisée	Augmentation du nombre de personnes instruites au Québec
Nécessité de moderniser le système d'éducation québécois	Accès à des emplois plus diversifiés et mieux payés
	Augmentation du nombre de filles dans les écoles et les établissements d'enseignement supérieur

Aux yeux des historiens, tout ce qui est écrit constitue un « document écrit » : lettres, discours, articles de journaux, documents juridiques ou textes de loi, rapports officiels, manuscrits, romans, poèmes, brochures, mémos, livres ou tout autre ouvrage imprimé.

Qu'est-ce qu'un document écrit ?

Un document écrit est une information transmise en mots. Il permet d'accéder à des renseignements qui peuvent vous aider à comprendre des réalités, des coutumes et des modes de vie, actuels ou passés. Comme ce type de document peut relater aussi bien un fait qu'une opinion, il faut prêter attention à la nature des renseignements que contient le document écrit, afin d'en cerner le contenu de façon appropriée.

Le texte peut également être comparatif et fournir des données précieuses sur divers aspects de comparaison entrant dans l'interprétation d'une réalité ou d'un concept. Le texte comparatif permet ainsi d'établir des liens entre des renseignements et de les comparer, ce qui contribue à améliorer la compréhension du sujet traité. En mettant en relation des concepts, des personnages, des lieux et des événements, etc., et en mettant en lumière des différences et des ressemblances, le document écrit fournit des données importantes.

Les documents écrits d'intérêt public peuvent être consultés dans divers endroits comme les bibliothèques, les archives nationales, l'hôtel de ville. Il peut aussi être utile d'effectuer une recherche dans Internet afin de dresser l'inventaire des documents publiés sur un sujet donné.

Peu importe la source du document, il est important d'en valider le contenu. Il est également important de déterminer s'il s'agit d'un document de première main ou d'un document de seconde main, car la nature du document consulté fournit une information essentielle sur l'interprétation qu'on peut en faire.

Les documents de première main

Les documents de première main (ou de source primaire) sont des documents écrits par des témoins ou des acteurs des événements racontés. La Déclaration d'indépendance des États-Unis d'Amérique, par exemple, est un document de première main.

Les documents de seconde main

Les documents de seconde main (ou de source secondaire) sont des documents écrits par des personnes qui analysent les événements ou encore les documents de première main. Les textes écrits par des historiens ou par des journalistes, par exemple, sont des documents de seconde main.

À QUOI ÇA SERT ?

Les documents écrits servent à...

» transmettre un renseignement qui permet de connaître et d'interpréter des faits ou des événements ;

» exprimer une opinion sur un sujet précis ;

» fournir un renseignement sur un sujet précis en mettant en relation des faits et des événements et en les comparant.

ATTENTION !

Rappelez-vous que les informations trouvées dans Internet ne sont pas toujours complètes, valables ou fiables.

ATTENTION !

Il est important de respecter les droits d'auteur, c'est-à-dire de ne pas reprendre un texte sans en avoir obtenu au préalable la permission, et de noter les citations en précisant bien leur source.

Les différents documents écrits

Il existe différents types de documents écrits ayant chacun des caractéristiques particulières. Ces documents sont très utiles dans l'interprétation des réalités, des faits et des événements qui façonnent l'univers social.

Les lettres

Qu'il s'agisse de la correspondance entre des personnages importants de l'histoire ou entre de simples citoyens, les lettres apprennent beaucoup de choses aux historiens : par exemple, les motivations de politiciens, les comportements ou les sentiments des gens ou encore des faits de la vie quotidienne.

Exemples de lettres

Extrait d'une lettre du patriote condamné à mort, Chevalier de Lorimier, écrite le 14 février 1839.

Extrait d'une lettre de Louis-Joseph Papineau datée du 18 décembre 1837.

Source : Archives nationales du Québec.

Les discours

Les discours permettent de cerner les arguments de leur orateur. Souvent, ils reflètent l'opinion de personnes influentes ou d'une partie représentative d'une population. C'est pourquoi ils sont utiles lorsqu'il s'agit de brosser le tableau d'une société à un certain moment donné et des courants de pensée véhiculés à cette époque.

Exemple d'un discours

Déclaration de Jean Lesage sur l'affirmation du Québec

« Le Québec cherche à obtenir tous les pouvoirs nécessaires à son affirmation économique, sociale et politique. Dans la mesure où les provinces ne poursuivent pas ce même objectif, le Québec se dirigera, par la force des choses, vers un statut particulier qui tiendra compte à la fois des caractéristiques propres de sa population et du rôle plus étendu qu'elle veut conférer à son gouvernement. »

Source : Discours de Jean Lesage à la Chambre de commerce de Sainte-Foy, 14 décembre 1965.

Les journaux

Les journaux renferment une multitude de renseignements précieux pour les historiens (faits
importants ou faits divers, événements mondiaux
ou locaux, éditoriaux, articles d'analyse, opinions
des lecteurs, etc.). Ces éléments contribuent tous
à décrire une société à une époque donnée.

Exemple d'un extrait de journal

Source : Bibliothèque et Archives nationales du Québec.

Les textes juridiques

Les textes juridiques sont des textes législatifs ou constitutionnels (textes de
loi, déclarations de fondateurs, codes ou traités, etc.) qui permettent de dégager
les normes qui ont présidé à la fondation d'un pays ou qui régissent une société.

Exemples de textes juridiques

INFO

La Grande Paix de Montréal,
traité signé en 1701 à Montréal,
conclut la paix entre les Français
et 39 nations amérindiennes.

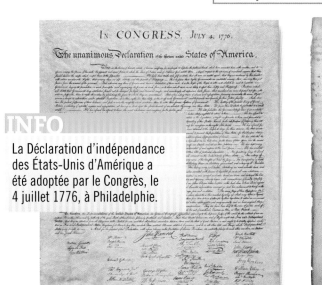

INFO

La Déclaration d'indépendance
des États-Unis d'Amérique a
été adoptée par le Congrès, le
4 juillet 1776, à Philadelphie.

Source : Visions of America/Corbis,
Joseph Sohm.

Source : Ministère de la Culture et de la Communication, Direction des
Archives de France, Centre des Archives d'Outre-Mer.

Source : CP Images, P. G. Adam.

La Charte canadienne des droits et libertés énonce les droits fondamentaux et les libertés des Canadiens.

Les rapports officiels

Les entreprises et les gouvernements réalisent régulièrement des sondages, des enquêtes et des études sur différents sujets. Ces travaux donnent lieu à des rapports officiels qui comportent une foule de renseignements sur la société.

Exemples de rapports officiels

Source : Les Publications du Québec.

Le rapport de la Commission royale d'enquête sur l'enseignement dans la province de Québec (le rapport Parent) a été publié en cinq volumes. La première édition date de 1963 et 1964. Ce rapport a joué un rôle crucial dans l'organisation du domaine de l'éducation au Québec.

Source : Bibliothèque et Archives nationales du Québec.

Les défis démographiques du Québec amènent le gouvernement du Québec à considérer l'immigration comme l'une de ses priorités et à se doter d'un modèle interculturaliste au début des années 1980.

Les autres documents écrits

De nombreux autres types de documents écrits constituent de précieuses sources d'information pour les historiens : témoignages de personnes ayant participé à des événements, journaux intimes, récits de voyages, cartes postales, documents administratifs, objets comportant du texte (affiches, vases ou pierres tombales), romans et ouvrages divers.

Autres exemples de documents écrits

INFO

Cette stèle de basalte, d'une hauteur de 2,25 m, a été découverte en Iran en 1901. Le code de Hammourabi, un ensemble de lois, y a été gravé environ 1600 ans avant notre ère.

Source : Publiphoto.

INFO

Une tablette cunéiforme datant de 2400 avant notre ère.

Source : akg-images/Erich Lessing.

INFO

Les manuscrits de la mer Morte ont été rédigés sur du cuir et du papyrus, il y a plus de 2000 ans. Certains de ces textes sont liés à l'Ancien Testament.

Source : Musée d'Israël, Jérusalem.

INFO

La carte mortuaire (1894) d'Honoré Mercier, premier ministre du Québec de 1887 à 1891.

Source : Bibliothèque et Archives Canada.

En plus de fournir des renseignements sur les coutumes d'une société, certains documents permettent de retracer ou de vérifier des dates importantes dans la vie d'individus. Généralement, ces documents révèlent beaucoup de choses sur les conditions de vie de la population.

INFO

Pendant la Seconde Guerre mondiale (1939-1945), le gouvernement canadien distribuait des carnets de rationnement à la population.

Source : Archives personnelles.

Les documents écrits dans le domaine de la géographie

Les géographes qui analysent un territoire doivent consulter des cartes, des diagrammes, des banques de données, des plans cadastraux et des études spécialisées, comme des études géologiques, climatologiques ou environnementales. Ils consultent aussi parfois les mêmes types de documents que les historiens (par exemple : pour comprendre comment une population donnée utilisait autrefois les ressources d'un territoire, pour comprendre comment un territoire s'est développé, etc.).

Comment interpréter un document écrit?

Pour interpréter un document écrit, il faut procéder comme suit : ❶ lire une première fois le document écrit en surlignant les passages qui fournissent une information précise sur le sujet traité et en faire un résumé ; ❷ relire le document autant de fois que nécessaire pour préciser le contenu du document, en mettant en évidence l'idée principale et les idées secondaires et en tentant de cerner le sujet ainsi que l'intention de l'auteur.

Exemple d'interprétation d'un document écrit

Source : Musée McCord.

Journal d'Henriette Dessaulles
1874, 19e siècle
Encre sur papier, 21 cm × 14 cm
Don de Mme Suzanne Morin Raymond

Au moment où elle écrit son journal intime (de 1874 à 1881), Henriette Dessaulles est une jeune fille de la bourgeoisie canadienne-française. Son père est maire de Saint-Hyacinthe, dans la province de Québec. Sa famille vit dans une maison cossue ; un cocher, un jardinier, une cuisinière, une couturière et des femmes de chambre sont chaque jour à son service. Henriette a 15 ans lorsqu'elle écrit le passage suivant, le 23 octobre 1875.

Henriette Dessaulles a vécu de 1860 à 1946.

[...] Rosalie, notre petite couturière, [...] est toujours seule dans la chambre de couture et hier, [...] je passais très nonchalante près d'elle : «Vous êtes bien pâlotte, mamzelle Henriette, êtes-vous fatiguée ?» «Je suis surtout bien tannée, Rosalie !» «Et de quoi ?» «Oh de moi je suppose !» «Vous êtes pourtant bien heureuse, mamzelle ! » « Moi, heureuse ? » « Mais oui ! Vous avez de bons parents, tout à souhaite[1], vous êtes riche, vous restez dans une belle maison, vous êtes servie comme si vous étiez manchote, vous vous instruisez dans toutes les sciences ! Y en a pas beaucoup de si heureuses que vous ! » Je ne répondis pas tout de suite. À elle, que pouvais-je répondre ? « Et vous, Rosalie, questionnai-je, vous n'êtes pas heureuse ? » « Faites excuse, mamzelle, je suis bien contente de mon sort. » « Vous demeurez chez vos parents ? » « Non, ils sont tous morts. Je loue une petite chambre où je vis toute seule, mais pas longtemps puisque je travaille ici tous les jours, de sept heures à sept heures. Quand je sors d'icitte le soir, je vais faire mes prières à l'église, puis en arrivant je me couche pour me lever à cinq heures le lendemain ! » « Et le dimanche ? » « Je passe beaucoup de temps à l'église et de temps en temps j'écris à mon neveu qui est vicaire aux États. » « Et vous êtes heureuse ainsi ? » « Oui, je fais mon devoir tant que je peux pour le bon Dieu et je sais que le bon Dieu fera le sien vis-à-vis de moi ! » Je l'ai laissée, toute songeuse[2]...

_____

1. Henriette reproduit le langage utilisé par Rosalie, la couturière. Celle-ci a dû prononcer le « t » final de l'expression vieillie « tout à souhait ». La phrase veut dire : « Vous avez de bons parents, autant que c'est possible. »

2. Cette dernière phrase ne figure pas dans l'extrait reproduit par le musée McCord. Le journal d'Henriette Dessaulles a été publié par diverses maisons d'édition. La première publication a eu lieu en 1971, aux éditions Hurtubise HMH de Montréal.

Henriette Dessaulles, *Journal*. Extrait du 23 octobre 1875 reproduit dans le site Web du Musée McCord d'histoire canadienne. Le cahier intitulé « 1874 » est conservé dans ce musée, à Montréal.

❶ Résumer les informations sur le document

1) De quel type de document s'agit-il ? Est-ce une lettre, un article de journal ou un autre type de document ?

Le document est un journal personnel.

2) Qui est l'auteur de ce document ? Cette personne occupe-t-elle une fonction particulière ? S'agit-il, par exemple, d'un journaliste, d'une historienne ou d'un personnage politique ? Que nous révèle l'identité de l'auteur du document ?

L'auteure se nomme Henriette Dessaulles ; c'est une adolescente qui écrit dans un but personnel.

3) À quel moment ce document a-t-il été écrit ?

Cet extrait du journal a été écrit le 23 octobre 1875.

4) Quelle est la source de ce document ? S'agit-il d'un document de première main ou d'un document de seconde main ? La source d'un document est très importante, car elle permet de retrouver le document et de confirmer la crédibilité de son contenu.

Un journal personnel est un document de première main.

> **ATTENTION !**
>
> Le moment où un document a été écrit peut être différent de sa date de publication (par exemple, une lettre écrite en 1760 peut avoir été publiée des siècles plus tard). C'est vrai aussi pour le lieu : un discours écrit et prononcé à Montréal peut très bien être publié à Québec.

5) Est-ce un document original, une copie ou une traduction ? S'agit-il d'un texte intégral ou d'un extrait de texte ?

Cet extrait du journal, dans sa langue d'origine, est une copie de l'original qui se trouve au musée McCord, à Montréal.

6) Le document comporte-t-il un titre ? Si oui, ce titre donne-t-il des indications sur l'intention de l'auteur ?

Le titre du cahier est « 1874 », probablement parce que l'auteure a commencé à l'écrire au cours de cette année-là, même si l'extrait date de 1875.

7) Le document est-il précédé d'une présentation ?

La présentation fournit des indications sur l'auteure et sur sa situation sociale.

❷ Préciser le contenu du document

1) Le texte contient-il des repères de temps et de lieu ? Si oui, lesquels ?

Les repères de lieux sont les suivants : la salle de couture, la maison, la petite chambre de Rosalie, l'église ainsi que les États-Unis. Pour les repères de temps, on lit que Rosalie travaille tous les jours de sept heures à sept heures, elle fait ses prières le soir, elle se lève à cinq heures le matin et elle va à l'église le dimanche.

2) L'auteur expose-t-il des faits ou émet-il une opinion ? S'il y a lieu, départager les faits des opinions. Si possible, se faciliter la tâche en soulignant les uns et en encerclant les autres.

Le texte décrit des faits.

3) Prêter attention à la façon dont le texte est écrit. Par exemple, les arguments, s'il y en a, sont-ils appuyés sur des faits ? Le vocabulaire est-il neutre ou exprime-t-il une opinion ?

Le texte est simple, écrit dans un vocabulaire neutre. Il présente une description de la vie de tous les jours.

4) Quelle est l'idée principale du texte ? Y a-t-il d'autres idées importantes ? Les résumer brièvement. Au besoin, tracer un schéma permettant de mettre les informations en relation et d'illustrer le niveau des idées, des faits, des opinions, des causes, des conséquences ou de tout autre aspect important des renseignements présentés dans le document.

Les réponses que vous aurez données aux paragraphes précédents vous guideront dans cette tâche.

Dans le texte, l'auteure, qui vit aisément, mais qui est malheureuse, se compare avec Rosalie qui doit travailler de longues heures, mais qui y trouve son bonheur.

Auteur

Au moment où elle écrit son journal intime (de 1874 à 1881), Henriette Dessaulles est une jeune fille de la bourgeoisie canadienne-française. Son père est maire de Saint-Hyacinthe, dans la province de Québec. Sa famille vit dans une maison cossue; un cocher, un jardinier, une cuisinière, une couturière et des femmes de chambre sont chaque jour à son service. Henriette a 15 ans lorsqu'elle écrit le passage suivant, le 23 octobre 1875.

Présentation du document

Date

Henriette Dessaulles a vécu de 1860 à 1946.

[...] Rosalie, notre petite couturière, [...] est toujours seule dans la chambre de couture et hier, [...] je passais très nonchalante près d'elle: «Vous êtes bien pâlotte, mamzelle Henriette, êtes-vous fatiguée?» «Je suis surtout bien tannée, Rosalie!» «Et de quoi?» «Oh de moi je suppose!» «Vous êtes pourtant bien heureuse, mamzelle!» «Moi, heureuse?» «Mais oui! Vous avez de bons parents, tout à souhaite, vous êtes riche, vous restez dans une belle maison, vous êtes servie comme si vous étiez manchote, vous vous instruisez dans toutes les sciences! Y en a pas beaucoup de si heureuses que vous!» Je ne répondis pas tout de suite. À elle, que pouvais-je répondre? «Et vous, Rosalie, questionnai-je, vous n'êtes pas heureuse?» «Faites excuse, mamzelle, je suis bien contente de mon sort.» «Vous demeurez chez vos parents?» «Non, ils sont tous morts. Je loue une petite chambre où je vis toute seule, mais pas longtemps puisque je travaille ici tous les jours, de sept heures à sept heures. Quand je sors d'icitte le soir, je vais faire mes prières à l'église, puis en arrivant je me couche pour me lever à cinq heures le lendemain!» «Et le dimanche?» «Je passe beaucoup de temps à l'église et de temps en temps j'écris à mon neveu qui est vicaire aux États.» «Et vous êtes heureuse ainsi?» «Oui, je fais mon devoir tant que je peux pour le bon Dieu et je sais que le bon Dieu fera le sien vis-à-vis de moi!» Je l'ai laissée, toute songeuse...

Les [...] signalent qu'un passage a été supprimé.

Henriette Dessaulles, *Journal*. Extrait du 23 octobre 1875 reproduit dans le site Web du Musée McCord d'histoire canadienne. Le cahier intitulé «1874» est conservé dans ce musée, à Montréal.

Source

5) Les informations sont-elles complètes? Reflètent-elles bien le sujet traité?

Résumé: En reproduisant la conversation qu'elle a eue avec la couturière, Henriette Dessaulles fait ressortir la différence entre les conditions de vie d'une femme d'un milieu très modeste et celles d'une femme de la bourgeoisie du 19ᵉ siècle. Elle s'interroge sur le fait qu'elle se sent moins heureuse que sa couturière.

INFO

Après avoir analysé un document écrit, il est utile d'en comparer l'information avec d'autres documents portant sur le même sujet. Cette comparaison permet de confirmer si les faits sont rapportés de la même façon et si les auteurs en ont la même perception ou s'ils expriment des opinions différentes.

À QUOI ÇA SERT ?

Les documents icono-graphiques servent à...

» appuyer une idée en y associant une image significative;

» augmenter la valeur du contenu en montrant le sujet dans un contexte précis;

» mettre en valeur l'information;

» donner un sens à l'information présentée ou la compléter;

» illustrer des données;

» situer un renseignement dans le temps et dans l'espace;

» donner un aspect esthé-tique ou graphique à un sujet, tout en variant sa présentation.

INFO

L'utilisation de documents icono-graphiques doit se faire dans le respect des droits d'auteur en indiquant le nom de l'auteur, le titre exact (en italique) et, si possible, la facture du document (par exemple: dessin, croquis, huile sur toile, etc.), les dimen-sions, la date de création et de publication ainsi que la provenance.

Qu'est-ce qu'un document iconographique?

Un document iconographique est principalement composé d'images. Il peut s'agir de dessins, d'affiches, de peintures, de gravures, de caricatures, de photographies, etc. Les images qui figurent sur des objets usuels, comme des pièces de monnaie, des timbres, des drapeaux ou des poteries, peuvent aussi être classées dans cette catégorie de documents.

Parce qu'ils contiennent une foule de renseignements sur la société qui les a produits et dont ils sont le plus souvent le reflet, les documents icono-graphiques intéressent au plus haut point les historiens.

Les différents types de documents iconographiques

Les documents iconographiques sont fort variés et très utiles dans l'univers social. Il existe divers types de documents iconographiques ayant chacun leurs caractéristiques: les croquis et les dessins, les gravures et les pein-tures, les caricatures, les affiches, les photographies, les documents audio-visuels et les bandes dessinées, etc.

Les croquis et les dessins

Les croquis et les dessins créés par des artistes ou des scientifiques révèlent plusieurs renseignements sur la personne qui les a réalisés et sur son époque.

Exemples de croquis et de dessins

Une machine conçue par Léonard de Vinci

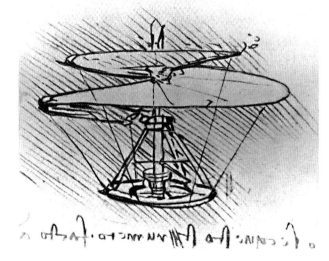

Source: akg-images.

Un dessin d'une partie du corps humain, par Léonard de Vinci

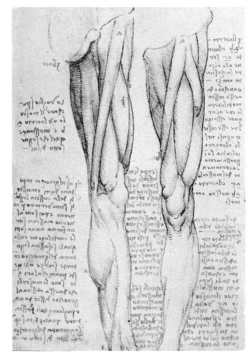

Source : akg-images.

Un dessin du système circulatoire, réalisé au 13e siècle

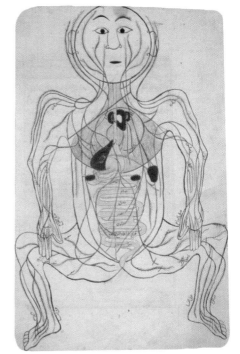

Source : Bridgeman Art Library, © *The Trustees of the Chester Beatty Library*, Dublin.

Les gravures et les peintures

Un grand nombre de gravures et de peintures, surtout celles réalisées avant l'invention de la photographie, représentent des portraits, des scènes de la vie quotidienne, des paysages, etc. Ces documents recèlent une multitude de renseignements sur la façon de vivre des gens : leurs occupations, le monde dans lequel ils évoluaient et leurs perceptions des choses.

Exemples de gravures

Un médecin à l'époque de la peste noire

Source : Corbis, Bettmann.

La Bourse de Londres, en 1847

Source : Mary Evans Picture Library.

Exemples de peintures

La prise de Tenochtitlán, en 1521

Artiste inconnu, *The Taking of Tenochtitlán by Cortes,* 1521 [La prise de Tenochtitlán par Cortés, en 1521], huile sur toile, 16ᵉ siècle, école espagnole.

Source : Real Academia de Bellas Artes de San Fernando, Madrid.

La chasse-galerie

Henri Julien (1852-1908). *La chasse-galerie* (1906). Huile sur toile, 53,5 cm × 66,5 cm.

Source : Musée national des beaux-arts de Québec.

Les caricatures

Les caricatures sont des dessins qui, par exemple, illustrent de façon humoristique la vie politique et sociale d'un pays, les débats qui l'animent et les opinions des gens qui l'habitent. Ce type de caricature est généralement publié dans les journaux des grandes villes.

Les affiches

Parce qu'elles sont souvent réalisées dans le but d'annoncer des événements spéciaux ou pour véhiculer un message important, les affiches constituent des témoins clés de la vie culturelle et politique d'un pays.

Exemple d'une caricature

Une caricature de Brian Mulroney, premier ministre du Canada de 1984 à 1993

Source : Musée McCord, Serge Chapleau, *Libre-échange,* 1985.

Exemples d'affiches

L'affiche pour l'adaptation au théâtre du roman *Germinal* d'Émile Zola

Émile Lévy, affiche de l'adaptation théâtrale du roman *Germinal* d'Émile Zola, présentée au Théâtre du châtelet à Paris, fin du 19e siècle, collection particulière.

Source : Archivo Iconografico.

Une affiche qui valorise le travail pendant la Seconde Guerre mondiale

INFO

L'analyse d'une affiche permet de saisir certaines réalités sociales de l'époque concernée, car elle témoigne du contexte social dans lequel elle a été créée. Par exemple, en temps de guerre, le gouvernement canadien invitait les citoyens à augmenter leur productivité au moyen d'affiches de ce genre.

Source : Robert Nichol, concepteur, *Abattez-le par votre travail,* affiche, 68,5 cm × 45,7 cm, imprimée et diffusée par le Service de l'information, Commission de l'information de guerre, ministère des Services nationaux de guerre, Ottawa, Canada, 1941-1942, Musée canadien de la guerre, Ottawa.

Les photographies

Les photographies sont des documents iconographiques précieux pour quiconque veut connaître les différents aspects d'une société (les conditions de vie, les conditions de travail, les mœurs, les coutumes, etc.). Par exemple, les photos d'enfants travaillant en usine au 19e siècle ont fourni une importante quantité de renseignements à tous ceux qui ont enquêté sur ce sujet.

> Exemple d'une photographie

Un enfant ouvrier dans une usine textile

Source : CORBIS, Bettmann.

Les documents audiovisuels et les bandes dessinées

Les documents audiovisuels (films, émissions de télévision ou de radio, vidéos, documents numériques, etc.) et les bandes dessinées (histoire racontée à l'aide d'une suite de dessins) visent à illustrer les sociétés et à mieux les comprendre.

Certains de ces documents jouent un rôle important dans la société et peuvent parfois même changer le cours des choses. Par exemple, des photographies ou des images télévisées peuvent véhiculer des informations avec rapidité en leur donnant une grande importance, en influençant les opinions des gens et en agissant sur leurs valeurs. C'est le cas, entre autres, de documents audiovisuels sur la guerre du Vietnam, l'explosion de la bombe atomique à Hiroshima ou le bombardement de Pearl Harbour.

INFO

Dans le monde d'aujourd'hui, l'image est devenue un important moyen de communication. Aussi, vous aurez souvent à poser un regard critique sur un fait de société ou autre et à vous forger une opinion à partir de documents iconographiques. L'utilisation de tels documents enrichira vos présentations et pourra contribuer à votre interprétation d'une réalité.

Comment interpréter un document iconographique ?

L'interprétation des documents iconographiques est essentielle en histoire et éducation à la citoyenneté parce que ce type de document est le reflet de la société qui le produit. Il faut poser sur de tels documents un regard d'historien afin d'en extraire le maximum d'information, en allant au-delà d'un simple décodage des données pour en découvrir toute la portée symbolique et bien dégager le sens donné par l'auteur.

L'interprétation de ces documents se fait en six étapes: ❶ repérer les renseignements de base du document; ❷ déterminer la nature du document; ❸ dégager le sujet principal et l'intention de l'auteur; ❹ relever les données permettant de cerner le sujet; ❺ établir les liens entre les informations; et finalement ❻ les comparer, au besoin, avec d'autres documents.

Exemple d'interprétation d'un document iconographique

La déportation des Acadiens, en 1755

C. W. Jeffreys, *Reading the Order of Expulsion to the Acadians in the Parish Church at Grand Pre, in 1755* [Lecture de l'ordonnance d'expulsion des Acadiens dans l'église paroissiale à Grand Pré, en 1755], huile sur toile, vers 1920.

Source: Bibliothèque et Archives Canada/C-073709.

① Lire le titre du document et, s'il y a lieu, la légende. Qui est l'auteur du document ? Quelle est la date ou l'époque ? Quelle en est la provenance ? Si la légende ne fournit pas ces renseignements, tenter de les déduire en observant le document.

La toile reconstitue un événement survenu en 1755, à Grand Pré. Il s'agit de la lecture de l'ordonnance d'expulsion des Acadiens, qui les chassait de leurs terres. C. W. Jeffreys a peint cette représentation de l'événement vers 1920.

② Déterminer la nature du document (ex. : peinture, gravure, photographie, affiche, caricature, etc.). Est-ce une image directe de la réalité (par exemple, une photographie prise sur le fait), une représentation graphique d'une réalité ou une reconstitution d'un fait ou d'un événement ?

Il s'agit d'une peinture, une huile sur toile.

③ Dégager le sujet principal de l'œuvre et l'intention de l'artiste. L'intention peut être diverse : représenter fidèlement la réalité, proposer une vision personnelle ou poser un regard critique ou humoristique sur une certaine réalité, etc.

Jeffreys s'est probablement basé sur des documents écrits pour peindre cette toile. La vision qu'il propose doit sûrement se rapprocher de la réalité de l'époque.

④ Décomposer le document de façon à cerner les liens, les acteurs, les circonstances et l'époque représentés. Si le document s'y prête, le séparer en trois plans : l'arrière-plan, le plan moyen et le plan rapproché. Décrire ce que vous voyez sur le document, les renseignements que vous pouvez y relever (par exemple, les lieux, les circonstances et les personnages).

Les fenêtres du bâtiment ainsi que les toiles accrochées au mur suggèrent que la scène se passe dans une église (cela est confirmé par le titre).
Des soldats britanniques armés se tiennent debout et surveillent la foule. Ils portent tous un chapeau. Deux représentants du gouvernement britannique sont assis et observent la foule.
Un représentant du gouvernement britannique lit l'ordonnance.
Un personnage habillé en noir, debout entre les représentants du gouvernement britannique, ne porte pas de chapeau. Donc, il est peut-être catholique, car les hommes catholiques enlèvent leur chapeau dans une église. Peut-être s'agit-il d'un notable acadien, qui tente d'apaiser ses compatriotes ?

5 Mettre en relation les éléments d'information tirés du document et les comparer. Pour ce faire, il faut établir des liens entre les éléments représentés et ce que vous connaissez déjà. Dégager le message (ou l'idée principale), puis en faire le résumé afin de déterminer les similitudes et les différences, les éléments de continuité dans le temps ou de changement.

Les habitants – des Acadiens, tous des hommes – sont assis, sauf trois à l'arrière-plan. Ils semblent de condition modeste.
Ils ne portent pas de chapeau. Au premier plan, on voit un chapeau par terre.
Les habitants semblent étonnés et anxieux. Certains ont l'air fâché et brandissent leur poing. Un des Acadiens qui se tient debout semble invoquer le Ciel.

Résumé
En 1755, l'armée britannique rassemble les hommes de Grand Pré (des Acadiens, colons d'origine française) dans leur église.
Un représentant du gouvernement britannique leur lit un avis d'expulsion. L'auteur de ce document iconographique, C. W. Jeffreys, représente les Acadiens étonnés et angoissés alors que les représentants britanniques ont l'air plutôt calme.

6 Au besoin, comparer cette information avec d'autres documents iconographiques traitant du même sujet. Vous pouvez aussi compléter l'information contenue dans le document iconographique à l'aide de documents écrits.

Une recherche sur le sujet m'a permis de mieux comprendre le contexte social entourant la déportation des Acadiens et de connaître les acteurs clés de cet important événement historique.

ATTENTION !

Dans le cas de peintures, d'affiches ou de caricatures, certains éléments peuvent être symboliques, c'est-à-dire qu'ils peuvent avoir une autre signification que ce qu'ils représentent dans les faits. Lorsque vous utilisez des illustrations, il est important de vous questionner sur le contexte dans lequel elles ont été créées. Par exemple, sur l'affiche, *Abattez-le par votre travail*, p. 87, le castor symbolise le Canada. Si vous doutez de la signification d'un élément de ce genre, faites une brève recherche.

INFO

Un regard géographique

Pour interpréter une photographie d'un point de vue géographique, posez-vous les questions suivantes :

- Qui a pris la photographie ? Où a-t-elle été prise ? Quand a-t-elle été prise ? Dans quel but ? Par exemple, s'agit-il d'une publicité touristique, fait-elle partie d'un reportage documentaire ou sert-elle à étayer un article scientifique ?

- Que représente la photo ? Si elle s'y prête, découpez-la en trois plans (plan rapproché, moyen et arrière-plan) afin d'analyser ce que contient chaque plan.

- La photo livre-t-elle des renseignements sur le territoire, sur l'aménagement du territoire, sur la façon dont les gens l'ont occupé ou encore transformé ?

INFO

Bien qu'une démarche de recherche soit présentée de façon séquentielle, c'est-à-dire une étape à la fois, il faut se rappeler qu'en cours de réalisation de chaque étape, il est toujours possible, et parfois même préférable, de revenir à une étape antérieure afin d'ajuster votre démarche. Par exemple, lors de la collecte d'information, on peut vouloir reformuler l'hypothèse de départ, ou encore, au moment de rédiger le rapport de recherche, on peut avoir besoin de vérifier de nouveau une information.

La clé d'une démarche de recherche efficace se trouve dans la planification : du temps, des outils de travail et des étapes à franchir. C'est un processus global qui vous invite à vous interroger sur votre sujet de recherche, c'est-à-dire réfléchir, analyser, évaluer et synthétiser les renseignements en lien avec votre sujet.

Le schéma suivant illustre les diverses étapes à franchir dans une démarche de recherche, et leurs interactions, à partir de l'énoncé du sujet ou de la formulation du problème jusqu'à la communication des résultats.

② S'interroger et formuler une hypothèse

1) Se familiariser avec le sujet
2) Situer le sujet dans le temps et dans l'espace
3) Formuler la question
4) Formuler l'hypothèse

① Prendre connaissance du sujet

1) Cerner le sujet
2) Faire appel à ses connaissances antérieures
3) Envisager des stratégies de recherche

③ Planifier sa recherche

1) Repérer des sources d'information pertinentes
2) Vérifier la crédibilité des sources

⑦ Revenir sur sa démarche

1) Ai-je communiqué mes résultats de façon appropriée ?
2) Qu'est-ce que j'ai appris par la réalisation de cette démarche ?
3) Est-ce que je pourrais trouver des solutions aux problèmes rencontrés ?

⑥ Communiquer ses résultats

1) Élaborer le plan de la présentation
2) Choisir la façon d'illustrer l'information
3) Rédiger la présentation

④ Recueillir et traiter l'information

1) Lire l'information
2) Noter les renseignements pertinents
3) Noter les sources
4) Interpréter l'information

⑤ Organiser l'information

1) Choisir le moyen de communication
2) Préparer l'information

❶ Prendre connaissance du sujet

La première étape de votre recherche consiste à prendre connaissance du sujet. Pour ce faire, il faut bien cerner le sujet, déterminer ce que vous savez sur ce sujet et envisager les différentes stratégies qui vous permettront de recueillir l'information pertinente au sujet.

1) Cerner le sujet

Le sujet de votre recherche (ou le problème examiné) est l'élément de base de votre démarche. Vous devez comprendre la nature du sujet pour déterminer les différents angles d'approche et de recherche d'information à considérer. Posez-vous la question suivante : *Comment puis-je expliquer le problème ou définir le sujet dans mes propres mots ?*

2) Faire appel à ses connaissances antérieures

Avant d'entamer la recherche d'information, vous devez résumer ce que vous savez déjà sur votre sujet de recherche. Posez-vous la question suivante : *Qu'est-ce que je sais sur le sujet ?*

3) Envisager des stratégies de recherche

Dresser un plan sommaire de la démarche de recherche que vous appliquerez pour recueillir l'information en précisant votre façon de procéder pour trouver de l'information pertinente sur le sujet ou le problème traité.

❷ S'interroger et formuler une hypothèse

Après avoir pris connaissance du sujet, vous devez vous interroger pour en venir à formuler l'objectif de votre recherche et votre hypothèse de travail.

1) Se familiariser avec le sujet

La lecture d'ouvrages généraux, d'articles de périodiques ou de textes trouvés dans Internet vous permettra de recueillir des renseignements de base pour votre recherche. Vous pouvez aussi interroger des personnes susceptibles de vous fournir une information pertinente ou encore interroger les gens de votre entourage pour savoir ce qu'ils savent sur le sujet de votre recherche.

2) Situer le sujet dans le temps et dans l'espace

Il est important de préciser la référence temporelle (quand) et spatiale (où) de votre sujet de recherche. Cela guidera votre questionnement et vous aidera à sélectionner les informations que vous trouverez et à les analyser dans le contexte du sujet traité.

3) Formuler la question

Par «question», on entend ce à quoi vous tenterez de répondre en effectuant votre recherche. La question doit être formulée de façon qu'on ne puisse pas y répondre par «oui» ou par «non».

INFO

Si le sujet de votre travail est déjà formulé sous la forme d'une question ou d'un énoncé de problème, votre première tâche consistera à bien cerner ce problème et à le situer dans le temps et dans l'espace.

4) Formuler l'hypothèse

En vous appuyant sur vos lectures et sur vos connaissances, il vous est sans doute possible de supposer une réponse plausible à votre question : cette réponse constitue votre hypothèse. Vos recherches ultérieures auront pour but de vérifier cette hypothèse.

Si, à ce moment-ci, vous ne vous sentez pas en mesure de formuler une hypothèse, approfondissez un peu le sujet.

❸ Planifier sa recherche

La planification de votre recherche vous permettra de travailler efficacement en évitant de perdre du temps ou de commettre des erreurs.

1) Repérer des sources d'information pertinentes

Le repérage de sources fiables et pertinentes est important, car il permet de bien effectuer la collecte d'information à la bibliothèque ou dans Internet. Pour vous aider, vous devez dégager les mots clés de votre hypothèse, en trouver des synonymes et relever d'autres termes liés de près à votre sujet.

a) Bibliothèque

Une bibliothèque est un lieu fort utile dans toute démarche de recherche. Vous y trouverez trois catégories de documents écrits qui peuvent être utilisés pour une recherche.

- **Les ouvrages généraux** traitent de sujets en particulier (ex. : environnement, colonisation, crise économique, etc.). À partir de vos mots clés, vous trouverez dans le catalogue de la bibliothèque (souvent informatisé) les ouvrages qui répondent à vos besoins.

- **Les documents de référence** regroupent les encyclopédies, les atlas, les dictionnaires, les rapports statistiques et les répertoires, etc.

- **Les périodiques** (journaux, magazines, etc.) regroupent les publications qui paraissent à intervalles réguliers : les quotidiens, les hebdomadaires ou les mensuels. Des index en facilitent la consultation.

b) Internet

Des moteurs de recherche permettent de trouver rapidement et facilement des documents pertinents, à l'aide de mots clés. Vous pouvez consulter la rubrique « Aide » du logiciel utilisé afin d'optimiser votre recherche.

2) Vérifier la crédibilité des sources

En consultant des documents qui traitent de votre sujet, assurez-vous de leur crédibilité. Voici quelques questions à vous poser pour vous aider dans cette tâche.

a) Documents publiés

- *Qui est l'auteur ? Quelle est sa formation ? Est-ce un spécialiste de la question ?*

- *L'auteur donne-t-il ses sources ?* Vous les trouverez au début ou à la fin de l'article ou de l'ouvrage, rassemblées souvent sous le titre « Sources » ou « Bibliographie ».

b) Sites Internet

Dans le cas d'Internet, bien que plusieurs sites soient fiables, il faut faire preuve de vigilance, puisque tout le monde peut mettre des renseignements en ligne.

- *Est-ce un site géré par un organisme reconnu et crédible (par exemple, une université ou un ministère)?*
- *Quel est le but du site : fournir de l'information objective ou promouvoir un point de vue particulier?*
- *Les documents disponibles sur le site sont-ils signés? Les sources sont-elles citées? Ces sources sont-elles fiables?*
- *Peut-on valider les renseignements dans deux autres sources fiables?*
- *Les dates de création et de mise à jour du site sont-elles indiquées?*

④ Recueillir et traiter l'information

Une fois toutes les données pertinentes et disponibles repérées, il faut les recueillir et les traiter.

1) Lire l'information

La lecture des documents rassemblés, en gardant en tête votre question de départ et votre hypothèse, permet de sélectionner le contenu dont vous vous servirez dans votre analyse.

Quand vous parcourez un ouvrage pour la première fois, consultez d'abord la table des matières, qui présente les parties et les auteurs, et l'index des sujets traités et des termes utilisés, pour repérer les pages qui concernent directement votre sujet.

2) Noter les renseignements pertinents

Il est important de noter seulement les renseignements que vous jugez pertinents. Pour ce faire, vous pouvez utiliser différents outils : tableau, fiche résumé et fiche citation.

INFO

Une fiche résumé sert à consigner un renseignement pertinent avec sa référence bibliographique.

Une fiche citation sert à consigner une citation avec sa référence bibliographique.

Exemple d'un tableau servant à noter des informations

Civilisations	Territoire	Hiérarchie sociale (ou non)	Population	Type d'habitation
Mayas				
Aztèques				
Incas				

Exemple d'une fiche résumé

Référence
bibliographique ←
abrégée

> DUMAS, Évelyn
> Dans le sommeil de nos os...
> Chapitre « Les grèves de bleuets », p. 77 à 86.

Résumé ←

> Au cours de la Seconde Guerre mondiale (1939-1945),
> la région du Lac-Saint-Jean a connu deux grèves majeures
> qui ont influencé directement les politiques gouvernementales,
> tant fédérales que provinciales. Les grèves ont eu lieu dans
> les deux secteurs clés de l'économie de la région : l'industrie de
> l'aluminium et l'industrie forestière.

Exemple d'une fiche citation

INFO

Comment insérer une citation ?

Pour insérer une citation (extrait mot à mot d'un document écrit ou d'un discours) dans un texte, on la met soit en retrait, par exemple, à deux centimètres de la marge de gauche, soit entre guillemets. Pour indiquer la source de la citation dans un document, on insère une note en bas de page où on donne sa référence complète, y compris la page d'où elle est tirée.

> DUMAS, Évelyn
> Dans le sommeil de nos os...
> p. 149
>
> « On a fait croire, à moi et d'autres de ma génération, qu'avant que
> nous atteignions notre majorité, vers 1960, ce ne fut que noirceur
> au Québec, noirceur à peine éclairée par quelques grands faits
> d'armes comme la grève de l'amiante en 1949 ou celle des tisserands
> de Louiseville, quelques années plus tard. Et pourtant [...],
> il n'en fut rien. »

Les [...] signalent un passage supprimé.

3) Noter les sources

Une fiche bibliographique permet de garder la référence complète de chaque citation ou renseignement noté. La préparation de ces fiches sera différente s'il s'agit d'un ouvrage général, d'un périodique ou d'un site Internet.

Exemple d'une fiche bibliographique d'un ouvrage

DUMAS, Évelyn ← *Auteur de l'ouvrage*

Dans le sommeil de nos os : quelques grèves au Québec de 1934 à 1944 ← *Titre de l'ouvrage (en italique en édition électronique ; souligné en écriture manuscrite)*

Ottawa, Éditions Leméac, 1971 — *Maison d'édition*

170 pages ←

Lieu d'édition   *Nombre de pages*   *Date de parution*

Exemple d'une fiche bibliographique d'un périodique

MERCIER, Noémi ← *Auteur de l'article*

« Inde, poubelle de la planète techno » ← *Titre de l'article (entre guillemets)*

Québec Science ← *Nom du périodique (en italique en édition électronique ; souligné en écriture manuscrite)*

Volume 46, numéro 1 ← *Numéro du volume et numéro du périodique, s'il y a lieu*

Septembre 2007 ← *Date de parution*

p. 18 à 27

Indication des pages

Exemple d'une fiche bibliographique d'un site Internet

Gouvernement du Québec – Vues d'ensemble du Québec – Atlas Québec ← *Nom de l'auteur ou de l'organisme*

Nom du site et titre de la page Web, s'il y a lieu

« L'hydrographie » ←

Octobre 2007 ← *Date de la création du site, si elle est donnée, et date de la dernière mise à jour*

Mise à jour des données cartographiques : janvier 2008

http://vuesensemble.atlas.gouv.qc.ca/site_web/accueil/index.htm ← *Adresse complète du site*

(Consulté le 28 janvier 2008)

Date de consultation du site (ou de la page)

4) Interpréter l'information

Pour interpréter l'information, vous devez recourir à certaines stratégies apprises, entre autres, dans vos cours de français :

- Faire la distinction entre les données pertinentes et celles qui sont superflues, en prenant note des renseignements se rapportant à votre sujet, ceux que vous jugez pertinents et fiables.

- Distinguer les faits des opinions (**Comment interpréter un document écrit?, page 80**).

- Considérer différents points de vue sur votre sujet. Par exemple, si vous lisez des documents sur une grève célèbre, il est utile de chercher à connaître les points de vue des principaux acteurs de l'événement : les grévistes, les patrons ainsi que les policiers qui sont intervenus.

- Au besoin, établir la séquence des événements et distinguer les causes des conséquences, à l'aide d'un schéma ou d'une ligne du temps (**Comment faire un schéma causes-conséquences?, page 73** et **Comment faire une ligne du temps?, page 8**).

⑤ Organiser l'information

1) Choisir le moyen de communication

Le moyen de communication des résultats de votre recherche doit être approprié, c'est-à-dire qu'il doit communiquer efficacement vos résultats tout en mettant en valeur l'information. Il peut s'agir d'un texte écrit, d'un exposé oral, d'une affiche, d'une présentation multimédia, etc. Le choix du moyen influera sur la façon d'organiser les renseignements.

2) Préparer l'information

Une fois le moyen de communication choisi, il faut bien préparer l'information en prenant soin de faire ce qui suit :

- Relire les fiches sur lesquelles vous avez consigné les renseignements, en dégageant les éléments pertinents.

- Classer les fiches en regroupant les renseignements par thèmes pertinents à votre sujet.

⑥ Communiquer ses résultats

1) Élaborer le plan de la présentation

Une présentation écrite ou orale comporte trois grandes parties :

a) l'**introduction**, où vous amenez le sujet ;

b) le **développement**, où vous présentez votre analyse du sujet et vos arguments ;

c) la **conclusion**, où vous apportez la réponse à la question formulée au départ.

Faites un bref résumé des idées principales et des idées secondaires à traiter dans chaque partie lors de la rédaction.

2) Choisir la façon d'illustrer l'information

Vous pouvez présenter certaines informations sous la forme de tableaux (**Comment faire un tableau à entrées multiples ?, page 42**), de diagrammes (**Comment faire un diagramme ?, page 53**), ou de schémas (**Comment faire un schéma causes-conséquences ?, page 73**), afin de les mettre en valeur ou encore d'agrémenter votre présentation.

3) Rédiger la présentation

La rédaction de votre présentation doit se faire en respectant certaines règles de base qui assureront la qualité de votre travail et permettront de bien communiquer vos résultats.

- S'assurer que les idées suivent un enchaînement logique sans répétitions.

- Respecter la syntaxe de la langue et utiliser des mots précis.

- Se relire en se mettant dans la peau d'une personne qui ne connaît pas le sujet pour s'assurer que le rapport présente efficacement le développement du sujet. Vous poser la question suivante : *Les lecteurs ou les auditeurs de ma présentation comprendront-ils mon texte ?*

- Vérifier l'orthographe et la syntaxe du texte, même si vous avez recours à un logiciel de vérification orthographique, en vous aidant des divers ouvrages de référence à votre disposition.

- Suivre les normes de présentation d'un travail. Un travail écrit doit comporter une page titre, une table des matières, le rapport de recherche lui-même ainsi qu'une bibliographie ou une médiagraphie.

⑦ Revenir sur sa démarche

Après avoir communiqué les résultats, il est important de revenir sur votre démarche de recherche. Cette étape vous permettra d'identifier ce que vous retirez de votre démarche, mais aussi d'améliorer vos façons de travailler. Poser un regard critique sur sa démarche, c'est se demander :

- *Ai-je communiqué mes résultats de façon appropriée ?*

- *Qu'est-ce que j'ai appris par la réalisation de cette démarche ?*

- *Est-ce que je pourrais trouver des solutions aux problèmes rencontrés ?*

INFO

Même si vous choisissez de faire une présentation orale, vous devez dresser le plan détaillé de votre exposé, puis en écrire au moins les idées principales. Vous pouvez accompagner votre plan de notes qui vous serviront d'aide-mémoire ou encore recourir à vos fiches au cours de l'exposé.

ATTENTION !

Soyez honnête et respectez les droits d'auteur.

Il est interdit de copier intégralement des textes écrits par quelqu'un d'autre, qu'il s'agisse d'un organisme ou d'une personne. Vous pouvez toutefois citer un court passage d'un document en fournissant la référence complète tel qu'expliqué précédemment à la page 97.

INFO

Une bibliographie est la liste de tous les ouvrages consultés dans le cadre d'une recherche, d'où sont tirés les renseignements exposés dans le rapport.

Une bibliographie se présente en ordre alphabétique d'auteurs.

Le terme « médiagraphie » désigne une liste de documents de différents types (documents imprimés, audiovisuels ou numériques) cités dans un rapport. La présentation de cette liste se fait selon les mêmes normes qu'une bibliographie.

La planète Terre est vivante et très active. Soulevée, plissée et modifiée par les forces internes, érodée par le vent, la pluie et la glace, la surface de la Terre change sans cesse. La plupart du temps, ces transformations sont étalées sur plusieurs millions d'années. Il peut arriver parfois qu'elles soient le résultat de catastrophes naturelles comme les inondations, les éruptions volcaniques ou les tremblements de terre. La Terre est souvent appelée «planète bleue», car les océans la couvrent d'eau à un peu plus de 70%.

SOMMAIRE

Source: SHUTTERSTOCK.

Carte 1 – Le monde - Physique

Légende

— Frontière
  internationale

▲ Montagne

Altitude
- Plus de 3000 m
- 2000-3000 m
- 1000-2000 m
- 500-1000 m
- 200-500 m
- 0-200 m

Profondeur de l'eau
- Moins de 200 m
- 200-2000 m
- 2000-4000 m
- Plus de 4000 m

Échelle

1 : 86 600 000

(projection de Robinson)

0   1000   2000 km

1 cm sur la carte à l'équateur
équivaut à 866 km sur le terrain.

INFO

Les cinq océans de la Terre (océan Pacifique, océan Atlantique,
océan Indien, océan Arctique et océan Antarctique) sont en
mouvement constant. Cela est attribuable aux vents, à la différence
de température et de densité des eaux et au sens de la rotation de
la Terre.

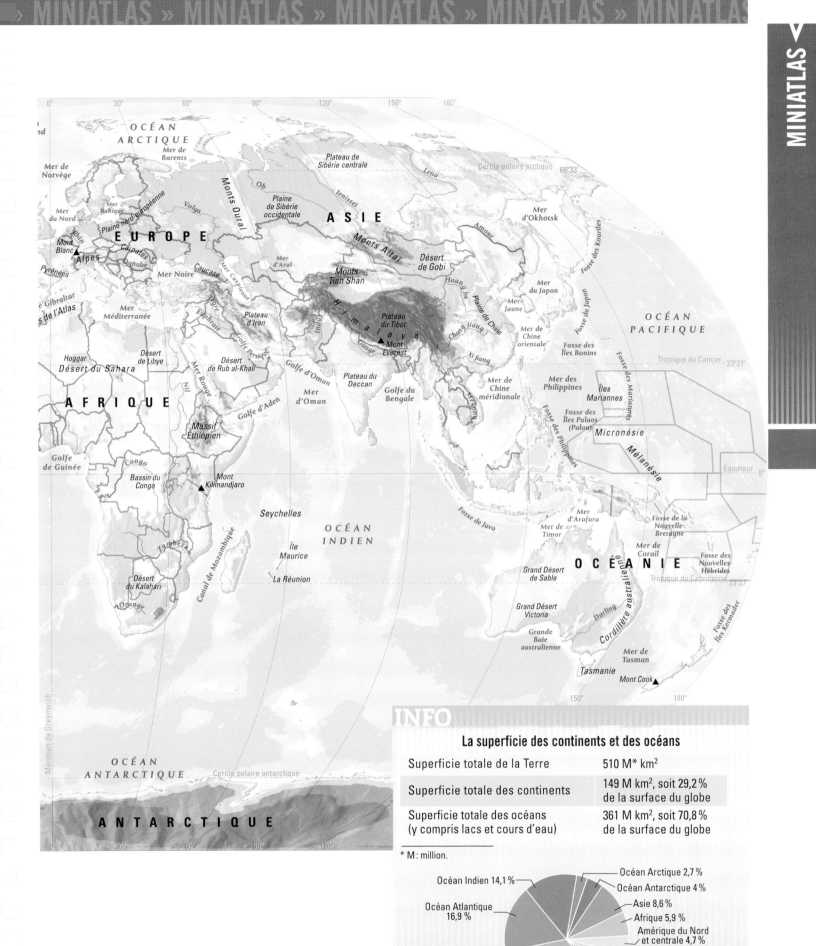

OCÉAN ARCTIQUE
Mer de Barents
Mer de Norvège
Mer du Nord
Mer Baltique
Plaine nord-européenne
EUROPE
Mont Blanc
Alpes
Pyrénées
Carpates
Danube
Mer Noire
Caucase
Volga
Monts Oural
Ob
Plaine de Sibérie occidentale
Ienissei
Plateau de Sibérie centrale
Lena
Cercle polaire arctique 66°33'
ASIE
Monts Altaï
Désert de Gobi
Amour
Mer d'Okhotsk
Fosse des Kouriles
OCÉAN PACIFIQUE
Mer Caspienne
Mer d'Aral
Monts Tian Shan
Himalaya
Plateau du Tibet
Mont Everest
Huang he
Plaine de Chine
Mer du Japon
Mer Jaune
Fosse du Japon
Détroit de Gibraltar
Monts de l'Atlas
Mer Méditerranée
Tigre
Euphrate
Plateau d'Iran
Golfe Persique
Indus
Gange
Golfe d'Oman
Mer d'Oman
Plateau du Deccan
Golfe du Bengale
Chang jiang
Xi jiang
Mer de Chine orientale
Mer de Chine méridionale
Fosse des Îles Bonins
Tropique du Cancer 23°27'
Hoggar
Désert de Libye
Désert du Sahara
Nil
Mer Rouge
Désert de Rub al-Khali
Golfe d'Aden
Massif Éthiopien
AFRIQUE
Golfe de Guinée
Congo
Bassin du Congo
Mont Kilimandjaro
Zambèze
Canal de Mozambique
Seychelles
Île Maurice
La Réunion
OCÉAN INDIEN
Fosse de Java
Mekong
Mer des Philippines
Fosse des Îles Palaos (Palau)
Fosse des Philippines
Îles Mariannes
Fosse des Mariannes
Micronésie
Mélanésie
Équateur 0°
Mer d'Arafura
Mer de Timor
Fosse de la Nouvelle-Bretagne
Mer de Corail
Cordillère australienne
Fosse des Nouvelles-Hébrides
OCÉANIE
Grand Désert de Sable
Grand Désert Victoria
Grande Baie australienne
Darling
Tropique du Capricorne 23°27'
Fosse des Îles Kermadec
Désert du Kalahari
Orange
Mer de Tasman
Tasmanie
Mont Cook
Méridien de Greenwich
OCÉAN ANTARCTIQUE
Cercle polaire antarctique
ANTARCTIQUE

INFO

La superficie des continents et des océans

Superficie totale de la Terre	510 M* km²
Superficie totale des continents	149 M km², soit 29,2 % de la surface du globe
Superficie totale des océans (y compris lacs et cours d'eau)	361 M km², soit 70,8 % de la surface du globe

* M : million.

Océan Indien 14,1 %
Océan Atlantique 16,9 %
Océan Arctique 2,7 %
Océan Antarctique 4 %
Asie 8,6 %
Afrique 5,9 %
Amérique du Nord et centrale 4,7 %
Amérique du Sud 3,5 %
Europe 2 %
Océanie 1,8 %
Antarctique 2,7 %
Océan Pacifique 33,1 %

Sources : CENTRAL INTELLIGENCE AGENCY. CIA World Factbook 2005 ; Quid, 2005 ; Encarta, 2005.

Carte 2 – Le monde - Politique

INFO

En 1950, on comptait 82 pays dans le monde. En 2008, on en compte 194. La plupart sont membres de l'Organisation des Nations unies (ONU)[1].

Qu'est-ce qu'un pays ? Un pays est un territoire habité, délimité par des frontières internationales et administré par un gouvernement souverain, c'est-à-dire qui a les pleins pouvoirs. Un pays peut être agrandi, réduit ou même disparaître s'il fusionne avec un autre pays. Il n'est donc pas étonnant de constater que la carte du monde change si souvent.

1. Organisation internationale qui a pour but d'assurer le maintien de la paix et de la sécurité dans le monde.

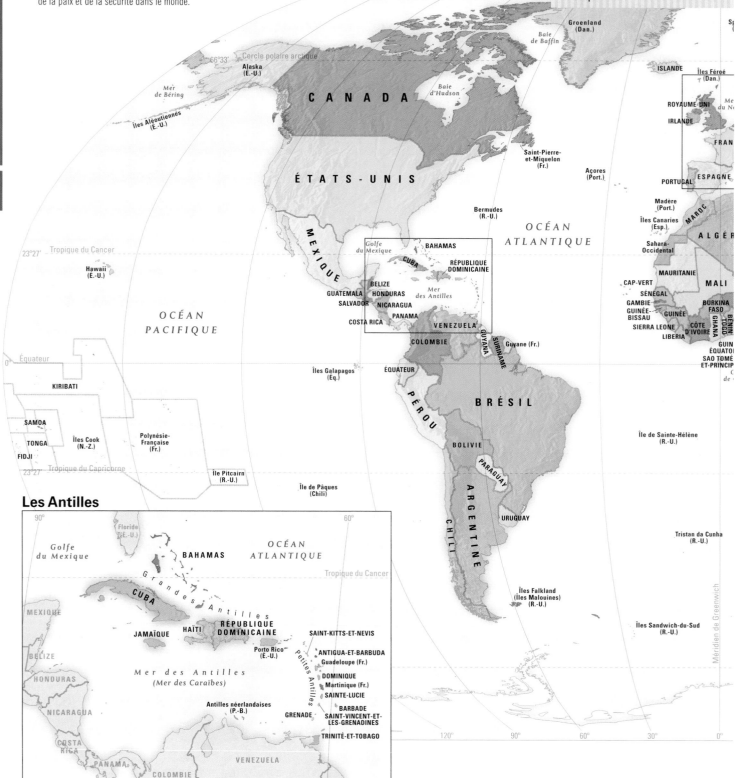

Les Antilles

INFO

**Les 10 pays
les moins peuplés du monde**

1. Vatican
2. Tuvalu
3. Nauru
4. Palaos (Palau)
5. Saint-Marin
6. Monaco
7. Liechtenstein
8. Saint-Kitts-et-Nevis
9. Marshall
10. Dominique

L'Europe

NORVÈGE
FINLANDE
SUÈDE
ESTONIE
RUSSIE
Mer
du Nord
DANEMARK
LETTONIE
LITUANIE
RUSSIE
IRLANDE
BIÉLORUSSIE
ROYAUME-
UNI
PAYS-BAS
ALLEMAGNE
POLOGNE
UKRAINE
BELGIQUE
LUXEMBOURG
RÉPUBLIQUE
TCHÈQUE
SLOVAQUIE
LIECHTENSTEIN
MOLDAVIE
FRANCE
SUISSE
AUTRICHE
HONGRIE
ROUMANIE
SLOVÉNIE
CROATIE
MONACO
SAINT-MARIN
BOSNIE-
HERZEGOVINE
SERBIE
Mer
Noire
ANDORRE
ITALIE
MONTÉNÉGRO
BULGARIE
ESPAGNE
VATICAN
ALBANIE
ANCIENNE RÉPUBLIQUE
YOUGOSLAVE DE MACEDOINE
TURQUIE
PORTUGAL
Mer
Méditerranée
GRÈCE

OCÉAN
ARCTIQUE

Spitzberg
(Norv.)

Cercle polaire arctique   66°33'

Féroé
(Dan.)

Mer
du Nord

NORVÈGE
SUÈDE
FINLANDE

RUSSIE

POLOGNE BIÉLORUSSIE
ALLEMAGNE
UKRAINE
FRANCE
ROUMANIE
ITALIE
Mer Noire
...PAGNE
GRÈCE
TURQUIE

KAZAKHSTAN

MONGOLIE

Mer
d'Okhotsk

GÉORGIE
ARMÉNIE
Mer Caspienne
OUZBÉKISTAN
KIRGHIZSTAN
CORÉE
DU NORD
MALTE
Mer
Méditerranée
CHYPRE
LIBAN
ISRAËL
TURQUIE
AZERBAÏDJAN
TURKMÉNISTAN
TADJIKISTAN
CHINE
CORÉE
DU SUD
JAPON
Mer
du Japon
TUNISIE
SYRIE
IRAK
IRAN
AFGHANISTAN
JORDANIE
KOWEÏT
PAKISTAN
NÉPAL
BHOUTAN
...LGÉRIE
LIBYE
ÉGYPTE
ARABIE
SAOUDITE
BAHREÏN
INDE
BANGLADESH
MYANMAR
(Birmanie)
TAIWAN

OCÉAN
PACIFIQUE

QATAR
LAOS
Tropique du Cancer   23°27'
MALI
NIGER
TCHAD
ÉMIRATS
ARABES UNIS
OMAN
Mer
d'Oman
Golfe
du Bengale
VIETNAM
THAÏLANDE
Mer de
Chine
méridionale
PHILIPPINES
Îles Mariannes
(É.-U.)
MARSHALL
ÉRYTHRÉE
SOUDAN
CAMBODGE
...RKINA
FASO
NIGERIA
BÉNIN
GHANA
DJIBOUTI
ÉTHIOPIE
SRI LANKA
BRUNEI
MICRONÉSIE
PALAOS
(Palau)
KIRIBATI
GUINÉE
ÉQUATORIALE
CAMEROUN
RÉPUBLIQUE
CENTRAFRICAINE
SOMALIE
MALDIVES
MALAISIE
SINGAPOUR
Équateur   0°
...AO TOMÉ-
...PRINCIPE
GABON
CONGO
OUGANDA
KENYA
PAPOUASIE-
NOUVELLE-GUINÉE
NAURU
Golfe
de Guinée
RÉPUBLIQUE
DÉMOCRATIQUE
DU CONGO
RWANDA
BURUNDI
INDONÉSIE
Enclave
de Cabinda
(Ang.)
TANZANIE
SEYCHELLES
TUVALU
SALOMON
COMORES
TIMOR
ORIENTAL
VANUATU
FIDJI
ANGOLA
ZAMBIE
MALAWI
OCÉAN
INDIEN
Nouvelle-
Calédonie (Fr.)
ZIMBABWE
MOZAMBIQUE
MADAGASCAR
MAURICE
La Réunion
(Fr.)
Tropique du Capricorne   23°27'
NAMIBIE
BOTSWANA
AUSTRALIE
...unha
AFRIQUE
DU
SUD
SWAZILAND
LESOTHO
NOUVELLE-
ZÉLANDE
Tasmanie
Îles Kerguelen
(Fr.)

OCÉAN
ANTARCTIQUE

Cercle polaire antarctique   66°33'

ANTARCTIQUE

Échelle

1 : 86 600 000
(projection de Robinson)

0   1000   2000 km

1 cm sur la carte à l'équateur
équivaut à 866 km sur le terrain.

Carte 3 – L'Amérique du Nord et centrale - Physique

INFO

L'Amérique du Nord est bordée à l'est par l'océan Atlantique, au nord par l'océan Arctique, à l'ouest par l'océan Pacifique et au sud par l'isthme de Tehuantepec, situé au sud du Mexique et séparant l'Amérique du Nord de l'Amérique centrale. Celle-ci est formée d'un isthme qui relie l'Amérique du Nord et l'Amérique du Sud, et d'un groupe d'îles, les Antilles, qui baignent dans la mer du même nom.

INFO

Le Groenland est considéré comme la plus grande île du monde.

INFO

Les Grands Lacs d'Amérique du Nord sont un groupe de cinq vastes lacs qui se jettent dans le fleuve Saint-Laurent (Supérieur, Huron, Michigan, Érié et Ontario) situés sur ou près de la frontière entre les États-Unis et le Canada. Le lac Érié est le seul des Grands Lacs situé entièrement sur le territoire des États-Unis.

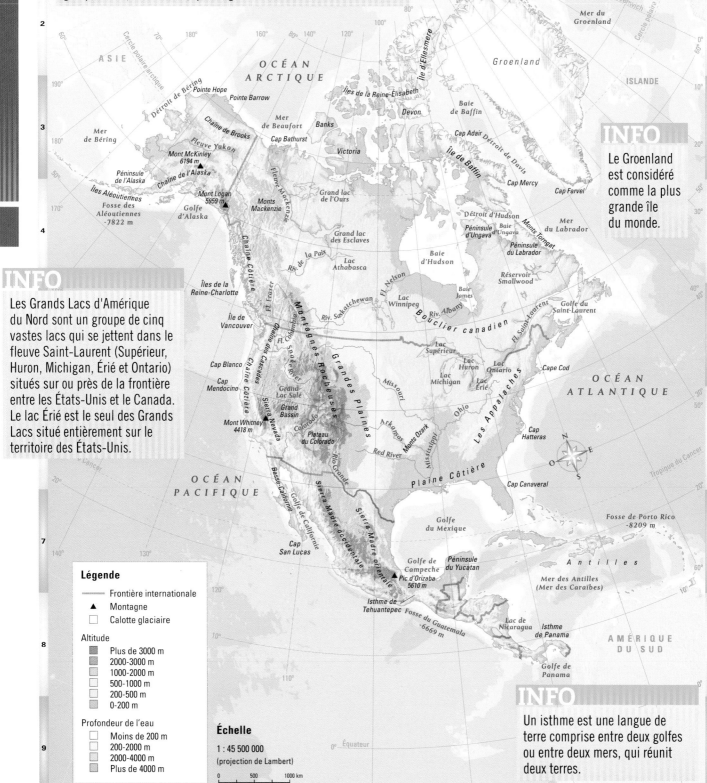

Légende

— Frontière internationale
▲ Montagne
☐ Calotte glaciaire

Altitude
■ Plus de 3000 m
■ 2000-3000 m
■ 1000-2000 m
☐ 500-1000 m
☐ 200-500 m
☐ 0-200 m

Profondeur de l'eau
☐ Moins de 200 m
☐ 200-2000 m
☐ 2000-4000 m
■ Plus de 4000 m

Échelle

1 : 45 500 000

(projection de Lambert)

0   500   1000 km

INFO

Un isthme est une langue de terre comprise entre deux golfes ou entre deux mers, qui réunit deux terres.

Carte 4 – L'Amérique du Nord et centrale - Politique

INFO

Trois pays, le Canada, les États-Unis et le Mexique, ainsi qu'un territoire, le Groenland, occupent la plus grande portion de l'Amérique du Nord. L'Amérique centrale compte 7 pays dans sa partie continentale et, dans sa partie insulaire ou Antilles, 13 pays et de nombreux territoires appartenant à divers États.

INFO

Mexico est la 2e plus grosse ville du monde avec plus de 20 millions d'habitants.

Légende

— Frontière internationale
⊛ Capitale du pays
○ Ville de plus de 1 million d'habitants
• Ville de moins de 1 million d'habitants

Échelle

1 : 45 500 000
(projection de Lambert)

0   500   1000 km

ASIE
OCÉAN ARCTIQUE
Groenland (Dan.)
ISLANDE
Cercle polaire arctique
Méridien de Greenwich
Détroit de Béring
Mer de Béring
Mer de Beaufort
Banks
Baie de Baffin
Île d'Ellesmere
Alaska (É.-U.)
Fleuve Yukon
Fairbanks
Victoria
Île de Baffin
Détroit de Davis
Anchorage
Îles Aléoutiennes
Golfe d'Alaska
Whitehorse
Grand lac de l'Ours
Iqaluit
Détroit d'Hudson
Mer du Labrador
Yellowknife
Grand lac des Esclaves
Baie d'Hudson
CANADA
Baie James
St. John's
Edmonton
Calgary
Saskatoon
Lac Winnipeg
Golfe du Saint-Laurent
Charlottetown
Vancouver
Regina
Winnipeg
Québec
Fredericton
OCÉAN PACIFIQUE
Victoria
Seattle
Portland
Lac Supérieur
Montréal
Ottawa
Halifax
Minneapolis
Lac Huron
Lac Ontario
Boston
Milwaukee
Detroit
Buffalo
New York
Salt Lake City
Chicago
Cleveland
OCÉAN ATLANTIQUE
Grand Lac Salé
Sacramento
Denver
Indianapolis
Pittsburgh
Philadelphie
San Francisco
Las Vegas
Cincinnati
Washington
Bermudes (R.-U.)
Kansas City
Saint Louis
Los Angeles
ÉTATS-UNIS
Nashville-Davidson
San Diego
Phoenix
Dallas
Atlanta
San Antonio
Houston
La Nouvelle-Orléans
Tampa
Orlando
Monterrey
Miami
Nassau
RÉPUBLIQUE DOMINICAINE
HAÏTI
BAHAMAS
Golfe du Mexique
La Havane
Porto Rico (É.-U.)
Guadalajara
CUBA
Saint-Domingue
MEXIQUE
Kingston
Port-au-Prince
Puebla
Mexico
BELIZE
JAMAÏQUE
Mer des Antilles (Mer des Caraïbes)
Belmopan
HONDURAS
Guatemala
Tegucigalpa
GUATEMALA
San Salvador
NICARAGUA
Managua
Panama
AMÉRIQUE DU SUD
SALVADOR
San José
Golfe de Panama
COSTA RICA
PANAMA
Golfe de Californie
Tropique du Cancer
Équateur

Carte 5 – Le Canada - Physique

INFO

Deuxième pays du monde pour sa superficie, le Canada est limité au nord par l'océan Arctique, à l'est par l'océan Atlantique, au sud par les États-Unis, à l'ouest par l'océan Pacifique et au nord-ouest par l'Alaska. La moitié du territoire canadien repose sur le Bouclier canadien, un immense socle rocheux couvert de collines, de milliers de lacs et de vastes forêts.

INFO

Situé au sud-ouest du Yukon, à proximité de la frontière de l'Alaska, le mont Logan, qui culmine à 5959 m, est le plus haut sommet du Canada.

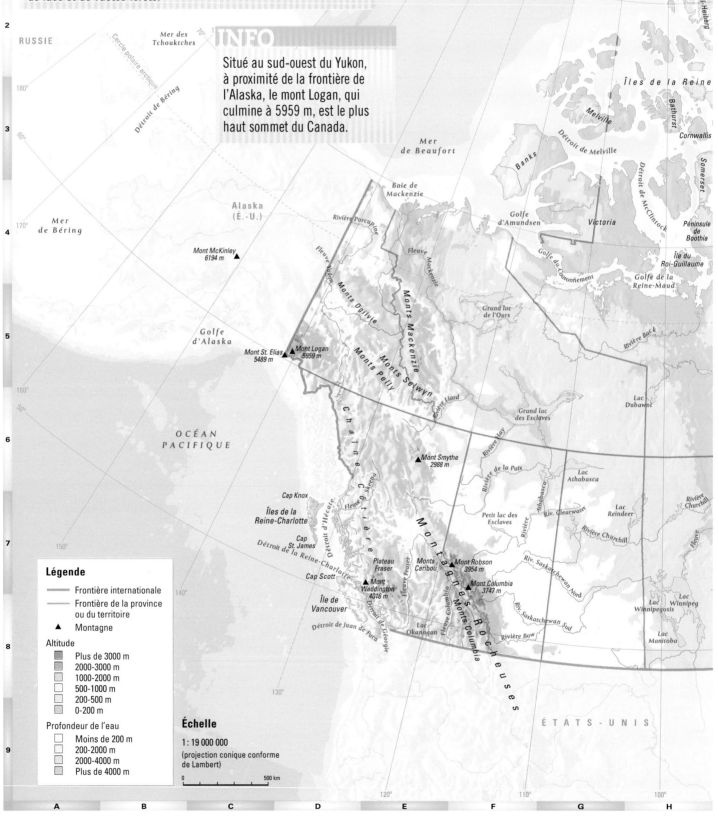

Légende

Frontière internationale

Frontière de la province ou du territoire

▲ Montagne

Altitude

Plus de 3000 m
2000-3000 m
1000-2000 m
500-1000 m
200-500 m
0-200 m

Profondeur de l'eau

Moins de 200 m
200-2000 m
2000-4000 m
Plus de 4000 m

Échelle

1 : 19 000 000

(projection conique conforme de Lambert)

0   500 km

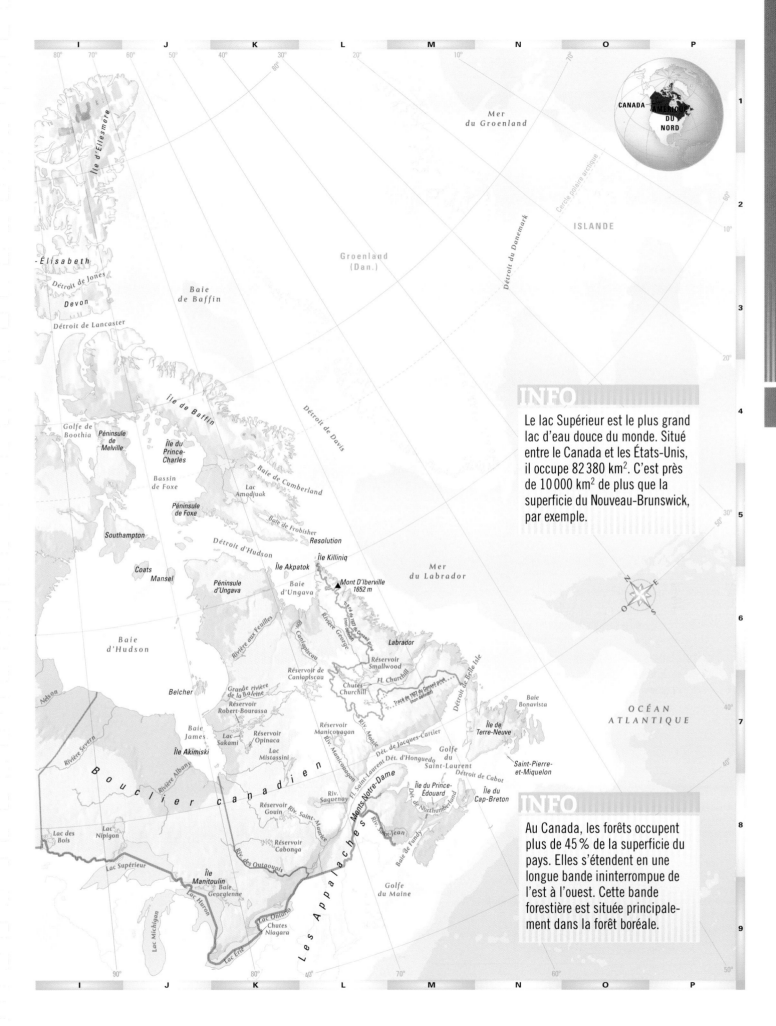

CANADA
AMÉRIQUE
DU
NORD

Mer
du Groenland

ISLANDE

Groenland
(Dan.)

Île d'Ellesmere

-Élisabeth

Détroit de Jones

Devon

Détroit de Lancaster

Baie
de Baffin

Île de Baffin

Détroit de Davis

Cercle polaire arctique

Détroit du Danemark

INFO

Le lac Supérieur est le plus grand lac d'eau douce du monde. Situé entre le Canada et les États-Unis, il occupe 82 380 km². C'est près de 10 000 km² de plus que la superficie du Nouveau-Brunswick, par exemple.

Golfe de
Boothia

Péninsule
de
Melville

Île du
Prince-
Charles

Bassin
de Foxe

Lac
Amadjuak

Baie de Cumberland

Péninsule
de Foxe

Baie de Frobisher

Southampton

Résolution

Détroit d'Hudson

Coats

Mansel

Péninsule
d'Ungava

Île Killiniq

Île Akpatok

Baie
d'Ungava

Mont D'Iberville
1652 m

Mer
du Labrador

Rivière aux Feuilles

Riv. Caniapiscau

Rivière George

Tracé de 1927 du Conseil privé
(non défini)

Baie
d'Hudson

Labrador

Réservoir
Smallwood

Détroit de Belle Isle

Réservoir de
Caniapiscau

Chutes
Churchill

Fl. Churchill

Grande rivière
de la Baleine

Belcher

Réservoir
Robert-Bourassa

Tracé de 1927 du Conseil privé
(non défini)

Baie
Bonavista

OCÉAN
ATLANTIQUE

Nelson

Baie
James

Lac
Sakami

Réservoir
Opinaca

Lac
Mistassini

Réservoir
Manicouagan

Riv. Manicouagan

Riv. Moisie

Île de
Terre-Neuve

Île Akimiski

Dét. de Jacques-Cartier

Golfe
du
Saint-Laurent

Saint-Pierre-
et-Miquelon

Rivière Severn

Dét. d'Honguedo

Détroit de Cabot

INFO

Au Canada, les forêts occupent plus de 45 % de la superficie du pays. Elles s'étendent en une longue bande ininterrompue de l'est à l'ouest. Cette bande forestière est située principalement dans la forêt boréale.

B o u c l i e r   c a n a d i e n

Rivière Albany

Réservoir
Gouin

Riv. Saint-Maurice

Riv.
Saguenay

Fl. Saint-Laurent

Monts Notre-Dame

Île du Prince-
Édouard

Dét. de Northumberland

Île du
Cap-Breton

Lac des
Bois

Lac
Nipigon

Riv. Saint-Jean

L e s   A p p a l a c h e s

Baie de Fundy

Réservoir
Cabonga

Riv. des Outaouais

Île
Manitoulin

Baie
Georgienne

Golfe
du Maine

Lac Supérieur

Lac Michigan

Lac Huron

Lac Ontario

Chutes
Niagara

Lac Érié

Carte 6 – Le Canada - Politique

INFO

Le Canada est divisé en 10 provinces et en 3 territoires (Territoire du Yukon, Territoires du Nord-Ouest et Nunavut) qui s'étendent de l'océan Atlantique à l'océan Pacifique. Au cours de son histoire, le Canada a créé de nombreux liens avec le reste du monde. Le savoir-faire des Canadiens a dépassé les frontières du pays, conférant graduellement au Canada une renommée internationale.

INFO

Le 1er juillet 2007, on estimait que la population du Canada était de 32 476 000 habitants. Les deux tiers des habitants sont concentrés dans les grandes villes comme Toronto, Montréal et Vancouver.

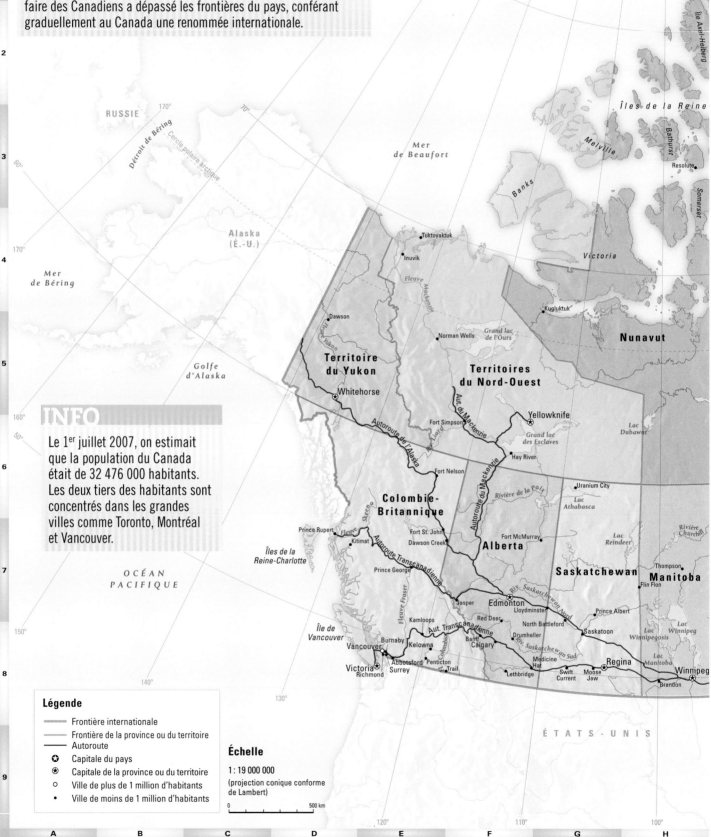

Légende

Frontière internationale
Frontière de la province ou du territoire
Autoroute
✪ Capitale du pays
✪ Capitale de la province ou du territoire
○ Ville de plus de 1 million d'habitants
• Ville de moins de 1 million d'habitants

Échelle

1 : 19 000 000
(projection conique conforme de Lambert)

0 _____ 500 km

CANADA AMÉRIQUE DU NORD

INFO

Années d'adhésion à la Confédération canadienne

Alberta	1905
Colombie-Britannique	1871
Île-du-Prince-Édouard	1873
Manitoba	1870
Nouveau-Brunswick	1867
Nouvelle-Écosse	1867
Nunavut (Territoire)	1999
Ontario	1867
Québec	1867
Saskatchewan	1905
Terre-Neuve	1949
Territoires du Nord-Ouest (Territoire)	1870
Yukon (Territoire)	1898

INFO

Au Canada, l'anglais est la langue maternelle de plus de 57,2 % des gens et le français est la langue maternelle de 21,8 % de la population.

Source : Statistique Canada, *Recensement 2006*.

INFO

Selon le recensement de 2001, près d'un million de personnes, soit environ 3 % de la population canadienne, ont déclaré être autochtones.

ISLANDE

Groenland (Dan.)

Île d'Ellesmere

Alert

-Élisabeth

Devon

Arctic Bay

Île de Baffin

Golfe de Boothia

Pangnirtung

Détroit de Davis

Bassin de Foxe

Repulse Bay

Iqaluit

Southampton

Détroit d'Hudson

Coats

Mansel

Salluit

Kangirsuk

Baie d'Ungava

Mer du Labrador

Baie d'Hudson

Churchill

Inukjuak

Kuujjuaq

Riv. aux Feuilles

Riv. Caniapiscau

Schefferville

Réservoir Smallwood

Goose Bay

Terre-Neuve-et-Labrador

OCÉAN ATLANTIQUE

Belcher

Réservoir Robert-Bourassa

Québec

Labrador City

Fermont

Détroit de Belle Isle

Gander

St. John's

Baie James

Chisasibi

Réservoir Manicouagan

Riv. Moisie

Corner Brook

Eastmain

Lac Mistassini

Sept-Îles

Île d'Anticosti

Golfe du Saint-Laurent

Saint-Pierre-et-Miquelon (Fr.)

Waskaganish

Port-Cartier

Baie-Comeau

Gaspé

Île du Cap-Breton

Chibougamau

Rimouski

Sydney

Rivière Saguenay

Rivière-du-Loup

Bathurst

Île-du-Prince-Édouard

Charlottetown

Red Lake

Lac Nipigon

Ontario

Hearst

Amos

Saguenay

Val-d'Or

Rouyn-Noranda

Québec

Lévis

Nouveau-Brunswick

Fredericton

Saint-Jean

Moncton

Dartmouth

Nouvelle-Écosse

Halifax

Kenora

Lac des Bois

Autoroute Transcanadienne

Timmins

Kirkland Lake

Shawinigan

Trois-Rivières

Sherbrooke

Yarmouth

Thunder Bay

Michipicoten

Riv. des Outaouais

Laval

Longueuil

Sudbury

North Bay

Gatineau

Montréal

Golfe du Maine

Sault Ste. Marie

Baie Georgienne

Ottawa

Lac Supérieur

Lac Huron

Toronto

Peterborough

Kingston

Lac Ontario

Lac Michigan

Brampton

Oshawa

Kitchener

Mississauga

London

St. Catharines-Niagara

Hamilton

Windsor

Lac Érié

Rivière Severn

Rivière Albany

Réservoir Gouin

Riv. Saint-Maurice

Carte 7 – Le Québec - Physique

A   B   C   D   E   F   G

INFO

En raison de son ouverture sur la baie d'Hudson et sur l'océan Atlantique, la province de Québec bénéficie d'une situation géographique privilégiée dans le nord-est de l'Amérique du Nord. La superficie du Québec représente environ 15 % de la superficie du Canada. Il n'est pas étonnant de trouver sur un aussi vaste territoire des ressources naturelles abondantes et des paysages très diversifiés.

CANADA

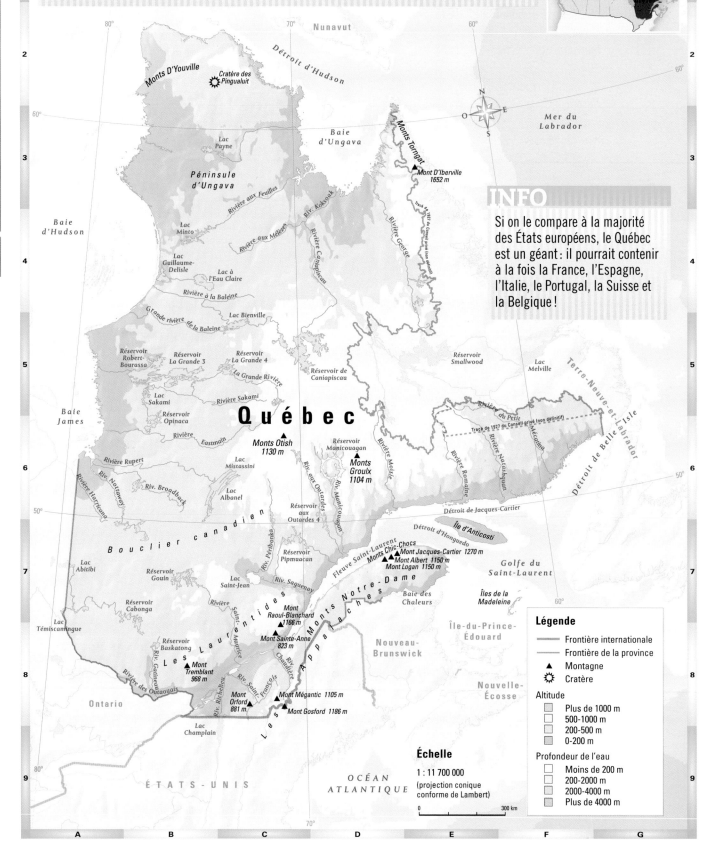

INFO

Si on le compare à la majorité des États européens, le Québec est un géant : il pourrait contenir à la fois la France, l'Espagne, l'Italie, le Portugal, la Suisse et la Belgique !

Québec

Nunavut

Détroit d'Hudson

Mer du Labrador

Monts D'Youville

Cratère des Pingualuit

Monts Torngat

Baie d'Ungava

Lac Payne

Péninsule d'Ungava

Mont D'Iberville 1652 m

Baie d'Hudson

Rivière aux Feuilles

Riv. Koksoak

Rivière George

Lac Minto

Rivière aux Mélèzes

Rivière Caniapiscau

Tracé de 1927 du Conseil privé (non défini)

Lac Guillaume-Delisle

Lac à l'Eau Claire

Rivière à la Baleine

Réservoir Smallwood

Lac Melville

Terre-Neuve-et-Labrador

Grande rivière de la Baleine

Lac Bienville

Réservoir Robert-Bourassa

Réservoir La Grande 3

Réservoir La Grande 4

La Grande Rivière

Réservoir de Caniapiscau

Rivière du Petit Mécatina

Tracé de 1927 du Conseil privé (non définitif)

Détroit de Belle-Isle

Lac Sakami

Rivière Sakami

Réservoir Opinaca

Baie James

Rivière Eastmain

Monts Otish 1130 m

Réservoir Manicouagan

Rivière Moisie

Rivière Natashquan

Rivière Romaine

Rivière Rupert

Riv. Nottaway

Riv. Broadback

Lac Mistassini

Monts Groulx 1104 m

Détroit de Jacques-Cartier

Bouclier canadien

Lac Albanel

Riv. aux Outardes

Réservoir aux Outardes 4

Riv. Manicouagan

Île d'Anticosti

Rivière Harricana

Riv. Péribonka

Réservoir Pipmuacan

Fleuve Saint-Laurent

Détroit d'Honguedo

Monts Chic-Chocs

Mont Jacques-Cartier 1270 m

Golfe du Saint-Laurent

Lac Abitibi

Réservoir Gouin

Lac Saint-Jean

Riv. Saguenay

Rivière Saint-Maurice

Mont Albert 1150 m

Mont Logan 1150 m

Baie des Chaleurs

Îles de la Madeleine

Réservoir Cabonga

Rivière

Les Laurentides

Mont Raoul-Blanchard 1166 m

Monts Notre-Dame

Les Appalaches

Île-du-Prince-Édouard

Lac Témiscamingue

Réservoir Baskatong

Riv. Gatineau

Mont Sainte-Anne 823 m

Riv. Chaudière

Nouveau-Brunswick

Nouvelle-Écosse

Mont Tremblant 968 m

Rivière des Outaouais

Riv. Richelieu

Riv. Saint-François

Mont Orford 881 m

Mont Mégantic 1105 m

Mont Gosford 1186 m

Ontario

Lac Champlain

ÉTATS-UNIS

OCÉAN ATLANTIQUE

Échelle

1 : 11 700 000

(projection conique conforme de Lambert)

0   300 km

Légende

— Frontière internationale

— Frontière de la province

▲ Montagne

☼ Cratère

Altitude

☐ Plus de 1000 m

☐ 500-1000 m

☐ 200-500 m

☐ 0-200 m

Profondeur de l'eau

☐ Moins de 200 m

☐ 200-2000 m

☐ 2000-4000 m

☐ Plus de 4000 m

A   B   C   D   E   F   G

Carte 8 – Le Québec - Politique

INFO

Le territoire de la province de Québec est très vaste. Pour satisfaire les besoins de l'ensemble de la population, le gouvernement a divisé le territoire en 17 régions administratives. Ce découpage permet une meilleure planification du développement économique, social et culturel du Québec et de chacune de ses régions.

INFO

Régions administratives du Québec

1. Bas-Saint-Laurent
2. Saguenay-Lac-Saint-Jean
3. Capitale-Nationale
4. Mauricie
5. Estrie
6. Montréal
7. Outaouais
8. Abitibi-Témiscamingue
9. Côte-Nord
10. Nord-du-Québec
11. Gaspésie-Îles-de-la-Madeleine
12. Chaudière-Appalaches
13. Laval
14. Lanaudière
15. Laurentides
16. Montérégie
17. Centre-du-Québec

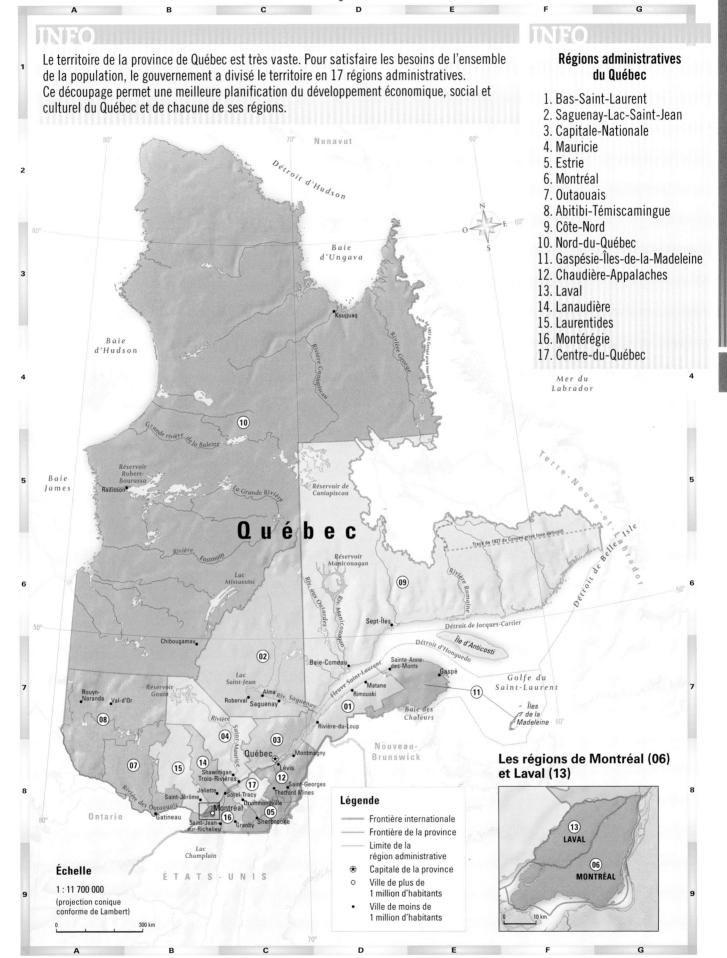

Échelle

1 : 11 700 000

(projection conique conforme de Lambert)

0 — 300 km

Légende

⊛ Frontière internationale
— Frontière de la province
— Limite de la région administrative
⊛ Capitale de la province
○ Ville de plus de 1 million d'habitants
• Ville de moins de 1 million d'habitants

Les régions de Montréal (06) et Laval (13)

13 LAVAL
06 MONTRÉAL

0 — 10 km

Carte 9 – L'Amérique du Sud - Physique

L'Amérique du Sud est limitée à l'est par l'océan Atlantique, au sud par le détroit de Drake et à l'ouest par l'océan Pacifique. Au nord, elle est reliée à l'Amérique centrale par l'isthme de Panama. L'Amérique du Sud s'étend sur environ 7400 km du nord au sud et sa superficie est d'environ 18 millions de km^2.

Du nord au sud, la cordillère des Andes s'étend sur plus de 7000 km. C'est la plus longue chaîne de montagnes du monde. Au moins 40 sommets s'élèvent à plus de 5000 m.

L'Amazone, d'une longueur de 6500 km environ, est l'un des plus longs fleuves du monde, avec le Nil. Il déverse tellement d'eau (chargée de matières en suspension) dans l'océan Atlantique qu'il en modifie la couleur jusqu'à plus de 160 km des côtes !

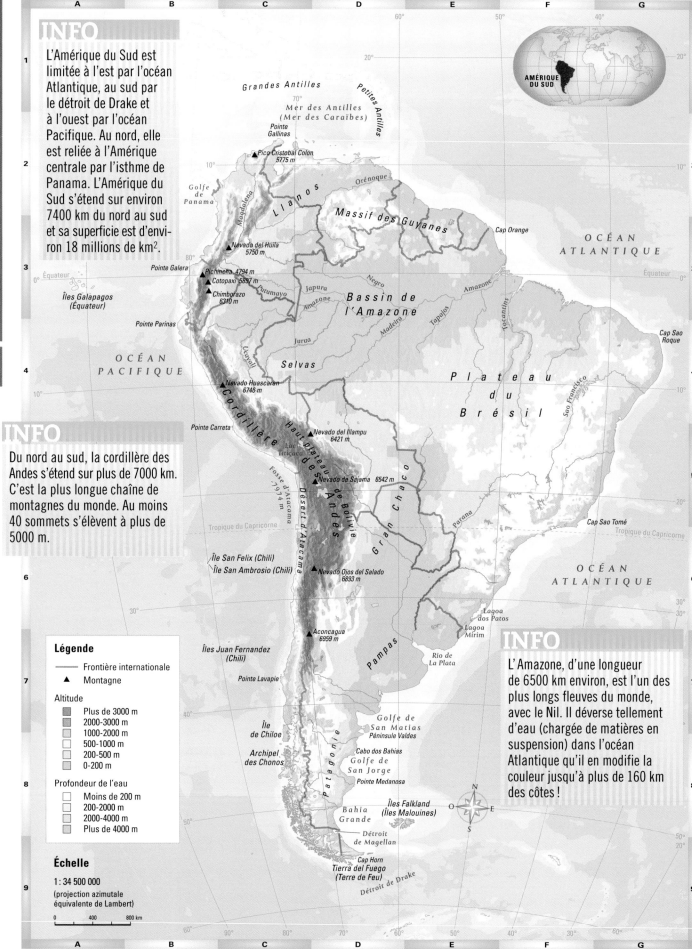

AMÉRIQUE DU SUD

Légende

— Frontière internationale
▲ Montagne

Altitude
Plus de 3000 m
2000-3000 m
1000-2000 m
500-1000 m
200-500 m
0-200 m

Profondeur de l'eau
Moins de 200 m
200-2000 m
2000-4000 m
Plus de 4000 m

Échelle

1 : 34 500 000

(projection azimutale équivalente de Lambert)

0   400   800 km

Carte 10 – L'Amérique du Sud - Politique

MINIATLAS

INFO

L'Amérique du Sud est composée de 12 pays : l'Argentine, la Bolivie, le Brésil, le Chili, la Colombie, l'Équateur, la Guyana, le Paraguay, le Pérou, le Suriname, l'Uruguay et le Venezuela. L'Amérique du Sud inclut aussi la Guyane, un département français d'outre-mer.

INFO

Avec ses 8,5 millions de km², le Brésil occupe presque la moitié de l'Amérique du Sud. C'est aussi le pays le plus peuplé de cette région du globe, avec ses 190 millions d'habitants.

INFO

Quelques-unes des plus grandes villes du monde, comme Sao Paulo, Buenos Aires et Rio de Janeiro, sont situées en Amérique du Sud. Elles comptent toutes plus de 10 millions d'habitants.

INFO

Certains aliments consommés tous les jours dans le monde viennent d'Amérique du Sud, comme le manioc (plante qui fournit le tapioca), la pomme de terre (légume le plus cultivé sur la planète) et la tomate.

Légende

— Frontière internationale

✪ Capitale du pays

○ Ville de plus de 1 million d'habitants

• Ville de moins de 1 million d'habitants

Échelle

1 : 34 500 000

(projection azimutale équivalente de Lambert)

0   400   800 km

Carte 11 – L'Europe - Physique

L'Europe, qui couvre une superficie de près de 10 millions de km², est délimitée à l'est par l'Asie, au sud par la mer Méditerranée, à l'ouest par l'océan Atlantique et au nord par l'océan Arctique. Plusieurs îles et archipels de l'Atlantique sont rattachés à l'Europe, notamment l'Islande, les Açores et les îles Canaries.

Les Alpes représentent la plus haute chaîne de montagnes d'Europe. De gigantesques plissements de la roche les ont fait naître il y a des millions d'années.

Légende

— Frontière internationale
▲ Montagne

Altitude
- Plus de 3000 m
- 2000-3000 m
- 1000-2000 m
- 500-1000 m
- 200-500 m
- 0-200 m

Profondeur de l'eau
- Moins de 200 m
- 200-2000 m
- 2000-4000 m
- Plus de 4000 m

Échelle

1 : 27 500 000
(projection de Bonne)

0   250   500   750 km

Carte 12 – L'Europe - Politique

L'Europe rassemble une quarantaine de pays, malgré sa petite taille. Elle comprend plus de 800 millions d'habitants, ce qui en fait l'un des endroits les plus densément peuplés du monde. La plupart des pays européens existent depuis des siècles. Certains pays, comme le Royaume-Uni, la France, l'Italie, l'Espagne et le Portugal, ont été à la tête de grands empires coloniaux.

La Russie occupe le 1er rang des pays en termes de superficie.

L'Union européenne (UE) est chargée de maintenir la paix en Europe et de favoriser le développement économique et social. En 2008, elle regroupe 27 pays membres d'Europe.

Légende

— Frontière internationale
✪ Capitale du pays

Échelle

1 : 27 500 000
(projection de Bonne)

0   250   500   750 km

Carte 13 – L'Asie - Physique

ASIE

OCÉAN PACIFIQUE

N E S O

OCÉAN ARCTIQUE

Mer de Béring

Péninsule du Kamtchatka

Mer de Sibérie orientale

Fosse des Kouriles -10 542 m

Îles Kouriles

Hokkaido

Mont Fuji 3776 m

Honshu

Shikoku

Kyushu

Fosse du Japon -10 595 m

Mer d'Okhotsk

Sakhaline

Mer du Japon

RyuKyu

Fosse des RyuKyu -7 505 m

Mer de Chine orientale

Taiwan

Mer des Philippines

Fosse des Philippines -10 497 m

Luçon

Mindanao

Mer de Sulu

Mer de Célèbes

Célèbes

Mer de Banda

Mer de Timor

Mer de Verkhoïansk

Monts de Verkhoïansk

Lena

Lac Baïkal

Amour

Plateau de Mongolie

Désert de Gobi

Plateau de Chine du Nord

Plaine de Chine

Huang Jiang

Chang Jiang

Plateau de Chine du Sud

Mer Jaune

Xi Jiang

Mer de Chine méridionale

Mékong

Golfe de Thaïlande

Chaîne de Muller

Bornéo

Mer de Java

Java

OCÉAN ARCTIQUE

Terre du Nord

Mer des Laptev

Mer de Kara

Péninsule de Taïmyr

Plateau de Sibérie centrale

Ienisseï

Irtych

Plaine de Sibérie occidentale

Monts Altaï

Tian Shan

Pamir

Mont K2 8611 m

Plateau du Tibet

Himalaya

Mont Everest 8848 m

Gange

Salouen

Irraouaddy

Golfe du Bengale

Îles Andaman

Îles Nicobar

Sri Lanka

OCÉAN INDIEN

Plateau du Deccan

Indus

Désert de Thar

Mer d'Aral

Lac Balkhach

Monts Oural

Syr-Daria

Amou-Daria

Volga

Dépression caspienne

Mer Caspienne

Caucase

Mont Ararat 5137 m

Monts Elbourz

Plateau d'Iran

Monts Zagros

Golfe Persique

Golfe d'Oman

Mer d'Oman

Najd

Désert de Rub al-Khali

Mer Noire

Tigre

Euphrate

Monts Taurus

Désert de Syrie

Désert du Néfoud

Sinaï

Golfe d'Aden

Mer Rouge

Mer Méditerranée

Tropique du Cancer

Équateur

Cercle polaire arctique

Échelle

1 : 52 000 000
(projection de Bonne)

0   500   1000   1500 km

Légende

Frontière internationale

▲ Montagne

Altitude

Plus de 3000 m
2000-3000 m
1000-2000 m
500-1000 m
0-200 m

Profondeur de l'eau

Moins de 200 m
200-2000 m
2000-4000 m
Plus de 4000 m

Carte 14 – L'Asie - Politique

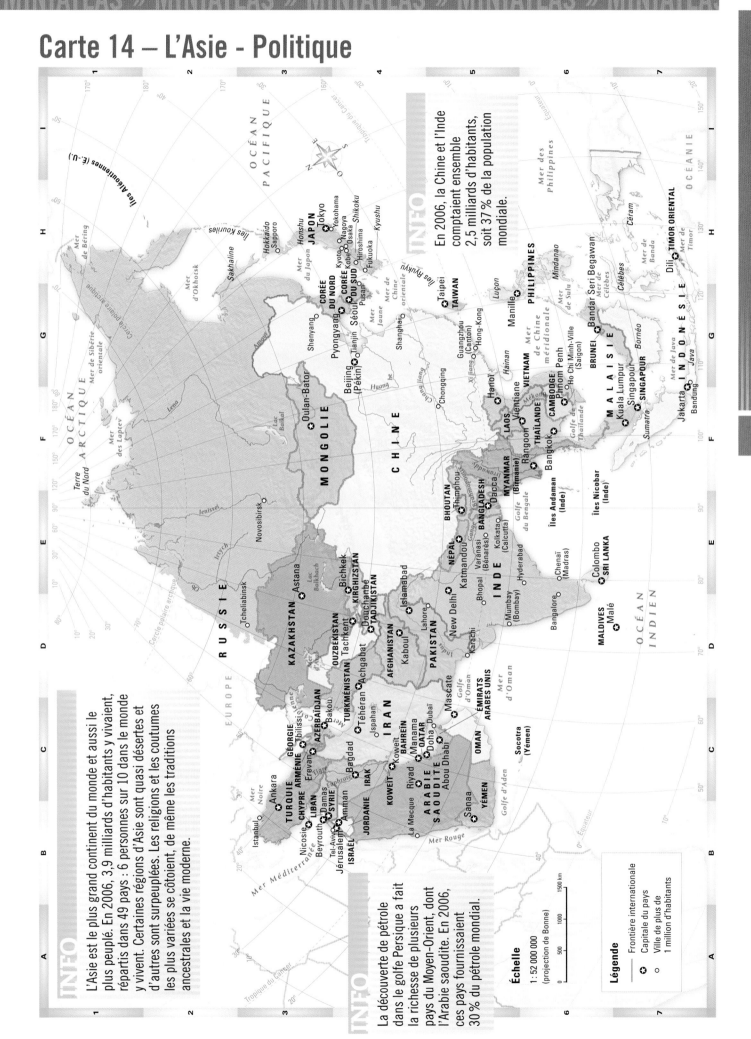

INFO

L'Asie est le plus grand continent du monde et aussi le plus peuplé. En 2006, 3,9 milliards d'habitants y vivaient, répartis dans 49 pays : 6 personnes sur 10 dans le monde y vivent. Certaines régions d'Asie sont quasi désertes et d'autres sont surpeuplées. Les religions et les coutumes les plus variées se côtoient, de même les traditions ancestrales et la vie moderne.

INFO

En 2006, la Chine et l'Inde comptaient ensemble 2,5 milliards d'habitants, soit 37 % de la population mondiale.

INFO

La découverte de pétrole dans le golfe Persique a fait la richesse de plusieurs pays du Moyen-Orient, dont l'Arabie saoudite. En 2006, ces pays fournissaient 30 % du pétrole mondial.

Échelle

1 : 52 000 000
(projection de Bonne)

0   500   1000   1500 km

Légende

— Frontière internationale
✪ Capitale du pays
○ Ville de plus de
   1 million d'habitants

Carte 15 – L'Afrique - Physique

Avec une superficie de près de 30 millions de km^2, l'Afrique est le continent le plus étendu du monde, après l'Asie. Située de part et d'autre de l'équateur, elle est délimitée à l'est par l'océan Indien et la mer Rouge, au nord par la mer Méditerranée et à l'ouest par l'océan Atlantique. La pointe sud du continent marque la jonction des océans Indien et Atlantique.

Le Sahel est le nom donné à une bande de terre qui s'étend du Sénégal au Soudan, en bordure du Sahara. Il est menacé de désertification en raison de sécheresses répétées.

Le mont Kilimandjaro, situé en Tanzanie, est un ancien volcan formé d'une alternance de couches de lave et de cendres. Il est le plus haut sommet d'Afrique et est couvert de neiges éternelles.

Le Sahara, le plus grand désert du monde, occupe près du tiers de l'Afrique. Pendant la journée, la température peut y dépasser 50 °C et chuter à −4 °C la nuit.

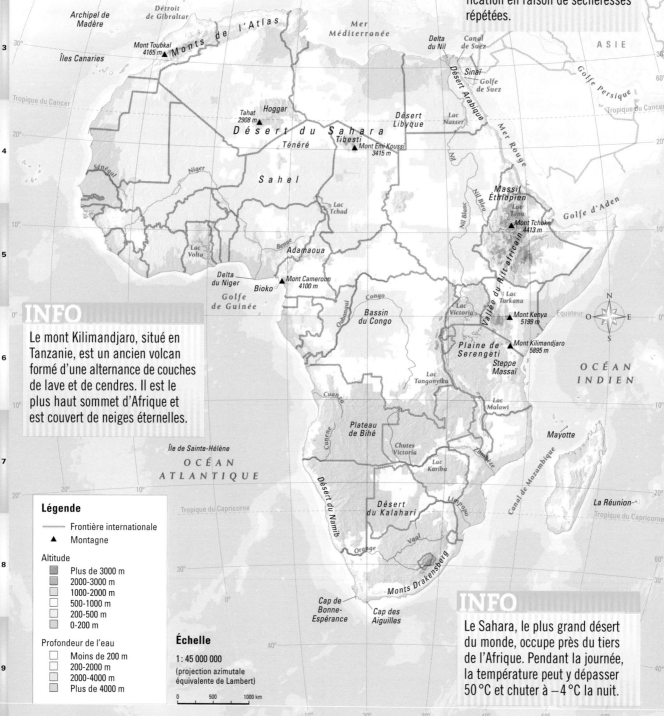

Légende

⎯⎯ Frontière internationale
▲ Montagne

Altitude
Plus de 3000 m
2000-3000 m
1000-2000 m
500-1000 m
200-500 m
0-200 m

Profondeur de l'eau
Moins de 200 m
200-2000 m
2000-4000 m
Plus de 4000 m

Échelle

1 : 45 000 000
(projection azimutale équivalente de Lambert)

0   500   1000 km

Carte 16 – L'Afrique - Politique

INFO

En 2006, l'Afrique comptait 53 pays et une population de 965 millions d'habitants. Jusqu'aux années 1960, l'Afrique a été, pour une grande part, intégrée aux empires coloniaux européens. À la fin des années 1980, presque tous les pays d'Afrique avaient acquis leur indépendance. Beaucoup d'Africains vivent sous le seuil de la pauvreté et font face à des problèmes de santé et à l'analphabétisme.

INFO

Avec ses 18 millions d'habitants, le Caire est la plus grande ville d'Afrique et la capitale de l'Égypte. Elle est située sur les rives du Nil, un des plus longs fleuves du monde.

INFO

Le Maghreb est la région d'Afrique du Nord comprise entre la mer Méditerranée, le Sahara et l'océan Atlantique.

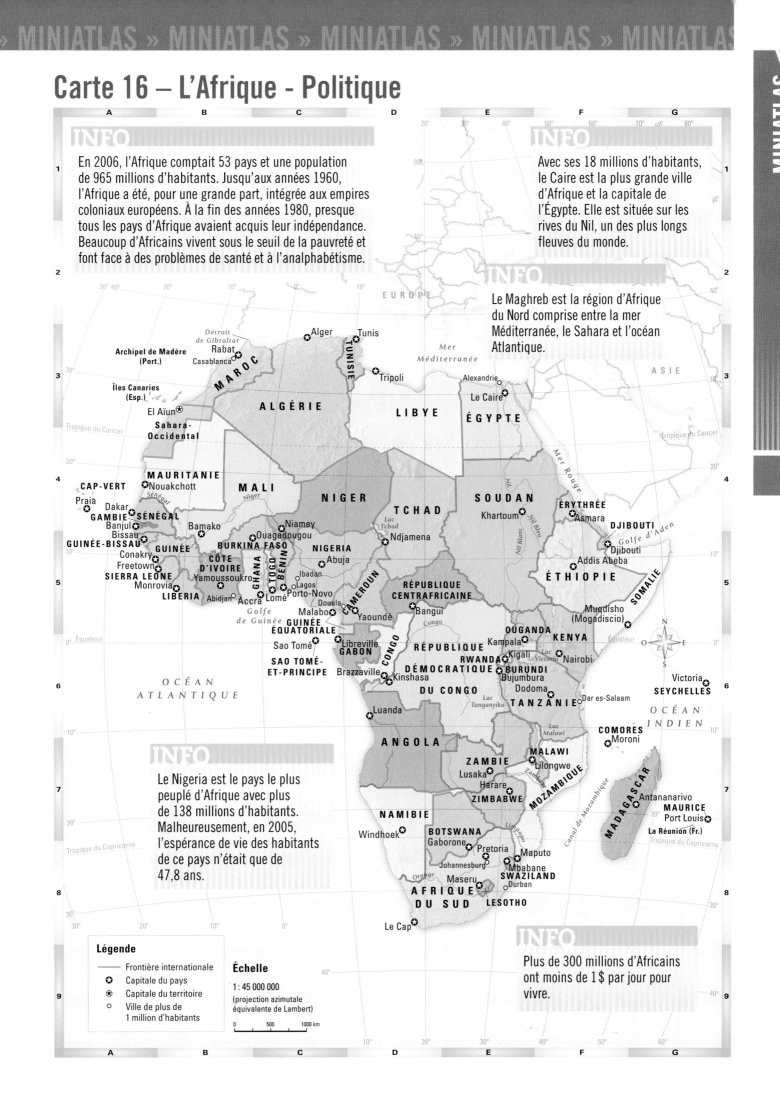

INFO

Le Nigeria est le pays le plus peuplé d'Afrique avec plus de 138 millions d'habitants. Malheureusement, en 2005, l'espérance de vie des habitants de ce pays n'était que de 47,8 ans.

INFO

Plus de 300 millions d'Africains ont moins de 1 $ par jour pour vivre.

Légende

— Frontière internationale
✪ Capitale du pays
✹ Capitale du territoire
○ Ville de plus de 1 million d'habitants

Échelle

1 : 45 000 000

(projection azimutale équivalente de Lambert)

0   500   1000 km

Carte 17 – L'Océanie - Physique

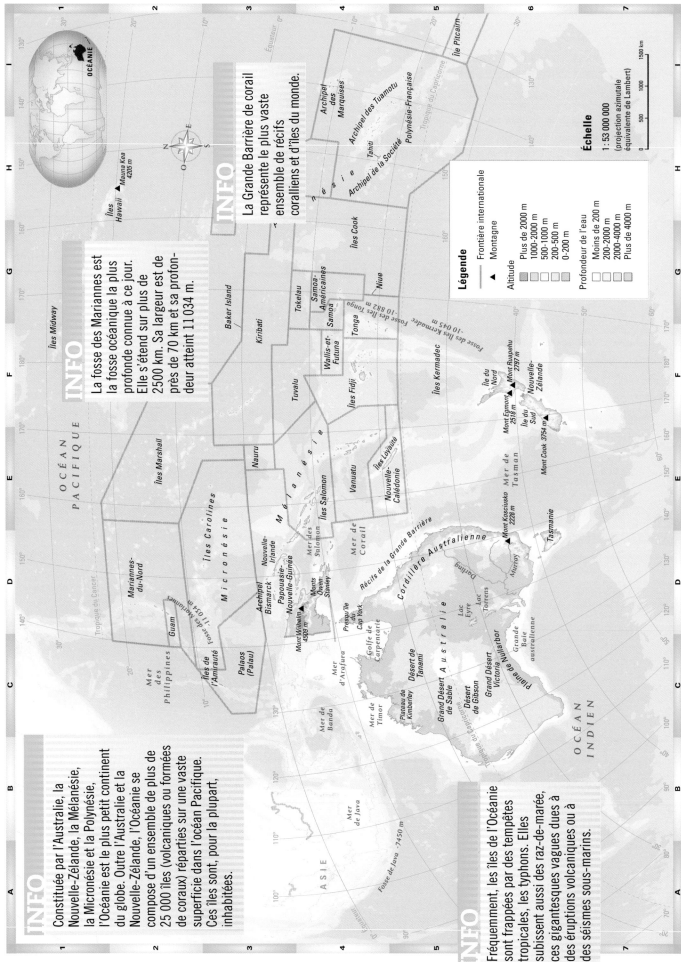

INFO

Constituée par l'Australie, la Nouvelle-Zélande, la Mélanésie, la Micronésie et la Polynésie, l'Océanie est le plus petit continent du globe. Outre l'Australie et la Nouvelle-Zélande, l'Océanie se compose d'un ensemble de plus de 25 000 îles (volcaniques ou formées de coraux) réparties sur une vaste superficie dans l'océan Pacifique. Ces îles sont, pour la plupart, inhabitées.

INFO

La fosse des Mariannes est la fosse océanique la plus profonde connue à ce jour. Elle s'étend sur plus de 2500 km. Sa largeur est de près de 70 km et sa profondeur atteint 11 034 m.

INFO

La Grande Barrière de corail représente le plus vaste ensemble de récifs coralliens et d'îles du monde.

INFO

Fréquemment, les îles de l'Océanie sont frappées par des tempêtes tropicales, les typhons. Elles subissent aussi des raz-de-marée, ces gigantesques vagues dues à des éruptions volcaniques ou à des séismes sous-marins.

Échelle

1 : 53 000 000
(projection azimutale équivalente de Lambert)

0   500   1000   1500 km

Légende

Frontière internationale
▲ Montagne

Altitude
Plus de 2000 m
1000-2000 m
500-1000 m
200-500 m
0-200 m

Profondeur de l'eau
Moins de 200 m
200-2000 m
2000-4000 m
Plus de 4000 m

Carte 18 – L'Océanie - Politique

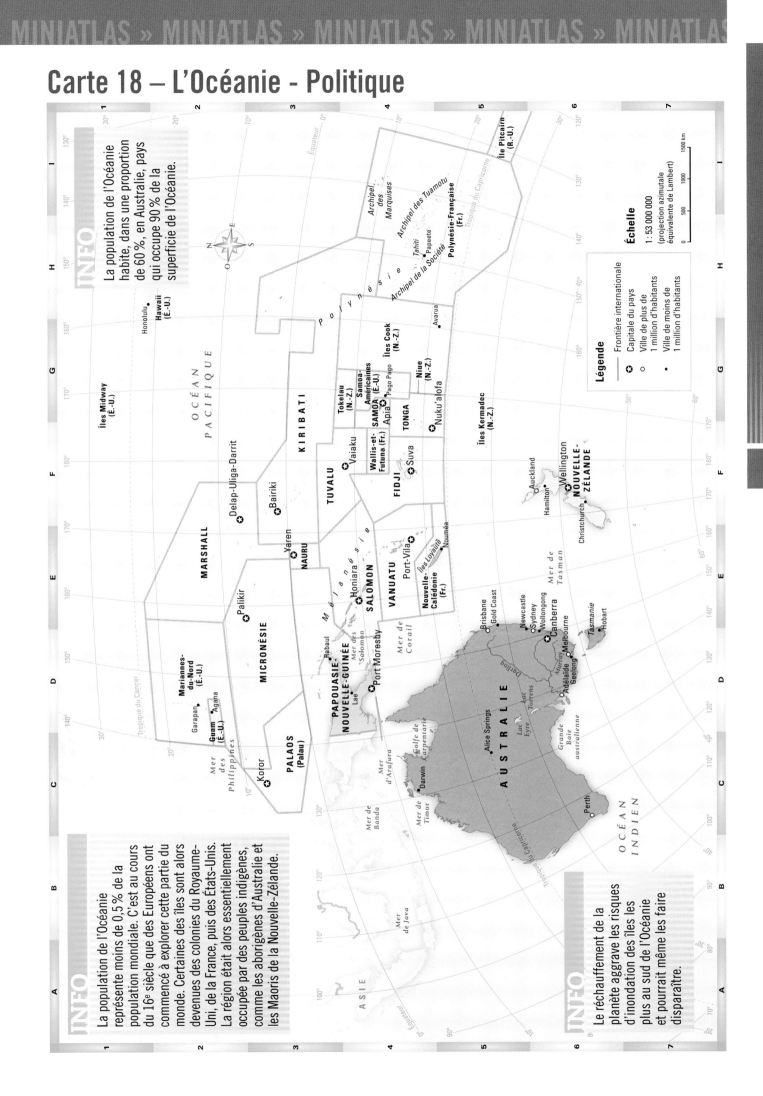

Légende

— Frontière internationale
✪ Capitale du pays
○ Ville de plus de 1 million d'habitants
• Ville de moins de 1 million d'habitants

Échelle

1 : 53 000 000
(projection azimutale équivalente de Lambert)

► GLOSSAIRE » GLOSSAIRE » GLOSSAIRE » GLOSSAIRE » GLOSSA

A

Affiche : Document iconographique créé pour annoncer un événement spécial ou véhiculer un message.
➡ **p. 87**

Arrière-plan : Plan le plus éloigné sur une image.
➡ **p. 23**

Axe : Droite orientée, horizontale ou verticale, comportant une origine. ➡ **p. 2**

Axe gradué : Droite divisée en segments égaux que l'on nomme « gradations ». ➡ **p. 2**

B

Bande dessinée : Document iconographique qui raconte une histoire à l'aide d'une suite de dessins.
➡ **p. 88**

Bibliographie : Liste de tous les ouvrages consultés dans le cadre d'une recherche ou de la production d'un document. ➡ **p. 99**

C

Caricature : Dessin qui illustre de façon humoristique la vie politique et sociale d'un pays, les débats qui l'animent et les opinions sur des gens qui l'habitent.
➡ **p. 87**

Carte géographique : Représentation graphique à l'échelle d'une partie de la surface de la Terre ou de sa totalité (éléments naturels et humains). ➡ **p. 16**

Carte historique : Carte géographique thématique qui présente un fait ou un événement historique.
➡ **p. 32**

Carte physique : Carte qui contient des courbes de niveau qui informent sur l'altitude des sommets des montagnes et sur les dénivelés. ➡ **p. 19**

Carte routière : Carte topographique qui sert à situer les agglomérations d'un territoire et les routes qui les desservent. ➡ **p. 19**

Carte schématique : Représentation simplifiée de la réalité qui vise, entre autres, à représenter les traits essentiels d'un territoire, d'un phénomène ou d'un mouvement. ➡ **p. 24**

Carte thématique : Carte qui présente une vue d'ensemble de la répartition de certains éléments.
➡ **p. 20**

Carte topographique : Carte qui présente des caractéristiques physiques d'un lieu (ex. : le relief, l'hydrographie, les zones forestières, etc.) ou des caractéristiques humaines (ex. : les zones administratives et habitées, les voies et infrastructures de transport, etc.). ➡ **p. 18**

Cartographie : Étude et réalisation de cartes à l'aide de techniques spécifiques. ➡ **p. 10**

Cause : Fait, phénomène ou événement qui entraîne un résultat. ➡ **p. 71**

Chronologie : Succession de faits ou d'événements survenus dans le temps. ➡ **p. 2**

Citation : Extrait mot à mot d'un document écrit.
➡ **p. 96**

Climatogramme : Diagramme composé d'un diagramme à bandes qui représente les précipitations mensuelles d'une région et d'un diagramme à ligne brisée qui donne les températures mensuelles moyennes de la région. ➡ **p. 61**

Conséquence : Résultat entraîné par un fait, un phénomène ou un événement. ➡ **p. 71**

Coordonnées géographiques : Système de repérage géographique basé sur les parallèles (qui donnent la latitude d'un lieu) et les méridiens (qui donnent la longitude d'un lieu). ➡ **p. 15**

Croquis géographique : Dessin simplifié d'un lieu.
➡ **p. 22**

D

Degré : Unité de mesure des coordonnées géographiques. ➡ **p. 15**

Démarche de recherche : Description du processus global entourant la réalisation d'une recherche sur un sujet donné et la communication de ses résultats.
➡ **p. 92**

Diagramme : Représentation graphique d'un ensemble de données. ➡ **p. 44**

Diagramme à bandes : Diagramme qui représente des données à l'aide de bandes verticales ou horizontales. ➡ **p. 44**

Diagramme à ligne brisée : Diagramme qui représente des données à l'aide de points reliés par des segments de droite. ➡ **p. 45**

Diagramme à pictogrammes : Diagramme qui représente des données à l'aide de dessins figuratifs significatifs. ➡ **p. 46**

Diagramme circulaire : Diagramme en forme de cercle qui représente les parties d'un tout exprimées sous la forme de fractions ou de pourcentages. ➡ **p. 45**

Discours : Document écrit qui présente les arguments de leur orateur. ➡ **p. 75**

Document audiovisuel : Document iconographique créé à l'aide des diverses techniques de production audiovisuelle (cinéma, télé, vidéo, multimédia). ➡ **p. 88**

Document écrit : Information transmise en mots. ➡ **p. 74**

Document de première main (de source primaire) : Document écrit par des témoins ou des acteurs des événements racontés. ➡ **p. 74**

Document de seconde main (de source secondaire) : Document écrit par des personnes qui analysent des événements ou des documents de première main. ➡ **p. 74**

Document iconographique : Document composé principalement d'images. ➡ **p. 84**

Donnée dynamique : Donnée portant sur la progression d'un phénomène dans le temps ou dans l'espace. ➡ **p. 18**

Donnée statique : Donnée portant sur un fait donné à un moment précis. ➡ **p. 18**

Droits d'auteur : Exclusivité d'exploitation d'un document écrit ou d'un document iconographique par son auteur. ➡ **p. 99**

E

Échelle : Rapport entre la grandeur d'un espace sur une carte ou une autre représentation graphique (par exemple, une ligne du temps) et sa grandeur réelle. ➡ **p. 17**

Échelle graphique : Représentation graphique du rapport de réduction utilisé sur une carte. On l'appelle aussi « échelle linéaire ». ➡ **p. 17**

Échelle numérique : Énoncé mathématique du rapport de réduction utilisé sur une carte. On l'appelle aussi « échelle fractionnaire ». ➡ **p. 17**

Échelle verbale : Formulation en mots du rapport de réduction utilisé sur une carte. ➡ **p. 17**

Équateur : Parallèle de référence, qui prend la valeur zéro, et qui sépare le globe en deux hémisphères, l'hémisphère Nord et l'hémisphère Sud. ➡ **p. 13**

F

Fait : Information que l'on peut vérifier. ➡ **p. 82**

Fiche bibliographique : Fiche sur laquelle est consignée la référence complète d'une citation ou d'un renseignement pertinent. ➡ **p. 97**

Fiche citation : Fiche sur laquelle est consignée une citation avec sa référence bibliographique. ➡ **p. 95**

Fiche résumé : Fiche sur laquelle est consigné un renseignement pertinent avec sa référence bibliographique. ➡ **p. 95**

G

Gradation : Chaque division d'un axe gradué. ➡ **p. 2**

Graduation : Division en segments égaux, nommés « gradations », effectuée sur un axe. ➡ **p. 2**

Gravure : Document iconographique créé à l'aide de techniques propres à l'art de graver. ➡ **p. 85**

H

Histogramme : Diagramme qui représente des données à l'aide de bandes verticales juxtaposées. ➡ **p. 47**

Hypothèse : Supposition émise au départ d'une recherche. ➡ **p. 94**

GOLSSAIRE

I

Image géographique : Représentation visuelle d'un territoire. ➡ **p. 26**

Image satellitale : Image géographique formée à partir de données enregistrées par un satellite (on l'appelle souvent «image satellite»). ➡ **p. 28**

Intervalle : Espace compris entre deux gradations d'une graduation. ➡ **p. 2**

J

Journal : Document écrit qui présente des renseignements destinés au grand public. ➡ **p. 76**

L

Latitude : Distance, en degrés, qui sépare un lieu de l'équateur, qui est la latitude 0. ➡ **p. 15**

Légende : Ensemble des symboles utilisés sur une carte avec leur signification. ➡ **p. 16**

Lettre : Document écrit destiné à une personne (destinataire). ➡ **p. 75**

Ligne brisée : Espace blanc significatif inséré sur un axe pour indiquer un saut dans le temps. ➡ **p. 3**

Ligne du temps : Représentation graphique d'une chronologie. ➡ **p. 2**

Ligne du temps comparative : Ligne du temps représentant plus d'une chronologie. ➡ **p. 7**

Longitude : Distance, en degrés, qui sépare un lieu du méridien de Greenwich, qui est la longitude 0. ➡ **p. 15**

M

Médiagraphie : Liste de documents de différents types cités dans un rapport (documents imprimés, audiovisuels et consultés dans Internet). ➡ **p. 99**

Méridien : Ligne imaginaire (verticale) qui prend une valeur de 0 à 180, et qui décrit un cercle autour du globe du nord au sud. ➡ **p. 13**

Méridien de Greenwich : Méridien de référence, qui prend la valeur zéro, et qui sépare le globe en deux hémisphères, l'hémisphère Est et l'hémisphère Ouest. ➡ **p. 13**

O

Opinion : Point de vue d'une personne sur un fait, un événement ou une autre personne. ➡ **p. 82**

Organigramme : Schéma de la structure d'un ensemble et des relations observées entre ses éléments. ➡ **p. 68**

P

Parallèle : Ligne imaginaire (horizontale) qui prend une valeur de 0 à 90, et qui décrit un cercle autour du globe d'est en ouest. ➡ **p. 13**

Peinture : Document iconographique créé à l'aide de diverses techniques picturales. ➡ **p. 85**

Photographie : Document iconographique créé à l'aide d'un appareil photo. Par exemple, une image géographique d'un lieu à un moment précis et sous un angle donné. ➡ **p. 26**

Planisphère : Carte géographique qui représente l'ensemble du globe terrestre sur une surface plane et qui indique les frontières territoriales et politiques ainsi que la répartition de phénomènes. ➡ **p. 12**

Plan moyen (second plan) : Plan de vue du centre sur une image. ➡ **p. 23**

Plan rapproché (avant-plan) : Plan de vue le plus proche sur une image. ➡ **p. 23**

Projection cartographique : Ensemble de techniques permettant de représenter la surface de la Terre sur une carte. Parmi les projections les plus courantes, on trouve la projection azimutale (plane), la projection conique et la projection cylindrique. ➡ **p. 10**

Pyramide des âges : Diagramme qui représente la répartition d'une population selon l'âge et le sexe (masculin ou féminin) des individus qui la composent. ➡ **p. 65**

R

Rapport officiel : Document écrit qui présente les résultats de sondages, d'enquêtes et d'études réalisés sur différents sujets par des entreprises et les gouvernements. ➡ **p. 77**

Repère géographique : Code servant à localiser un lieu sur une carte géographique. ➡ **p. 14**

Repère alphanumérique : Repère géographique déterminé par l'intersection des lignes de latitude (horizontales) et des lignes de longitude (verticales). ➡ **p. 14**

Rose des vents : Figure représentant les points cardinaux. ➡ **p. 16**

S

Schéma : Représentation graphique simplifiée et organisée d'une réalité complexe. ➡ **p. 68**

Schéma causes-conséquences : Représentation graphique des causes et des conséquences d'un fait, d'un phénomène ou d'un événement. ➡ **p. 71**

Secteur : Chaque division d'un diagramme circulaire. ➡ **p. 45**

Source : Indication de l'auteur, du titre et de la provenance d'un document. ➡ **p. 16**

T

Tableau : Représentation graphique de données composée de lignes et de colonnes. ➡ **p. 38**

Tableau à entrée simple : Tableau composé d'une seule colonne de données. ➡ **p. 38**

Tableau à entrées multiples : Tableau composé de plusieurs lignes et colonnes de données. ➡ **p. 38**

Territoire : Espace habité et transformé par les humains, auquel ils ont donné un sens et une organisation. ➡ **p. 26**

Texte juridique : Document écrit d'ordre légal ou constitutionnel. ➡ **p. 76**

Titre : Expression servant à désigner une figure, un diagramme, un texte ou autre. ➡ **p. 5**

V

Vue aérienne : Photographie habituellement prise à partir du ciel. ➡ **p. 27**

Vue de paysage : Photographie d'un paysage tel qu'il est vu par l'être humain. ➡ **p. 27**

Vue urbaine : Photographie de la vie en ville. ➡ **p. 26**

Géographie du Québec et du Canada

Bibliothèque et Archives nationales du Québec
(Collection numérique de cartes et plans)
http://services.banq.qc.ca

Carrefour éducatif ressources
http://carrefour-education.qc.ca/ressourcesdidactiques

L'Atlas du Canada
http://atlas.nrcan.gc.ca/site/francais/index.html

L'Atlas du Québec
(National, interrégional et régional)
http://www.atlasduquebec.qc.ca

Le Québec géographique
(Atlas Québec)
http://www.quebecgeographique.gouv.qc.ca

Histoire du Québec et du Canada

Bibliothèque et Archives nationales du Québec
http://www.banq.qc.ca

Encyclopédie canadienne en ligne
http://www.canadianencyclopedia.ca

Histori (cyberligne du temps du Canada)
http://www.histori.ca

Musée canadien des civilisations
http://www.civilization.ca

Musée McCord
http://www.musee-mccord.qc.ca

Images

Actualimages
http://www.actualimages.com

Bibliothèque et Archives Canada
http://www.collectionscanada.gc.ca

Banque d'images pédagogiques
http://www.bips-edu.fr

Banque d'images Épicura
http://www.epictura.fr

Bibliothèque nationale
http://www.banq.qc.ca/portal/dt/ressources_en_ligne

Musée McCord
http://www.musee-mccord.qc.ca/fr

Le Québec en images
http://rea.ccdmd.qc.ca/quebec

Index et moteurs de recherche

Alta Vista
http://fr.altavista.com

AOL
http://recherche.aol.fr

Exalead
http://www.exalead.com

Google
http://www.google.ca/fr

La toile du Québec
http://toile.com

Wikipédia
http://fr.wikipedia.org

Yahoo
http://fr.search.yahoo.com/